Jörg Zink
Lichter und Geheimnisse

Jörg Zink

Lichter und Geheimnisse

Weihnachtswege nach innen

Kreuz

Inhalt

Die Welt ist voll
großer Lichter und Geheimnisse.
Aber wehe!
Der Mensch verdeckt sie sich
mit seiner kleinen Hand.

BAALSCHEM

Ein heiliges Spiel

☆☆☆☆☆☆☆☆☆☆☆☆☆☆☆☆☆☆☆☆☆☆☆☆

1

Ein gesegnetes Weihnachtsfest wünsche ich Ihnen. Ein schönes, ein fröhliches, nachdenkliches, an dem Sie an Leib und Seele zur Ruhe kommen. Denn das eigentlich Schöne und Tröstliche an diesem Fest ist ja, dass Sie dabei mehr Frieden, mehr Gelassenheit und mehr Vertrauen gewinnen.

Ich weiß nicht, was für Erinnerungen und Erfahrungen Sie mit Weihnachten verbinden. Ich selbst habe einmal – ich war jung, ungefähr vierundzwanzig Jahre – ein Weihnachten von einer eigentümlich dramatischen und prägenden Kraft erlebt. Es war in der Zeit kurz nach dem Ende des großen Kriegs und wir früheren Soldaten, ausgezehrt von äußerem und innerem Hunger, und einige Mädchen, die eben den Bombenkrieg hinter sich hatten, wir stellten uns auf eine Bühne und führten ein Weihnachtsspiel auf. Es war ein seltsamer Rollenwechsel, der da mit uns geschah, wenn es galt, einen Engel zu spielen, der ausrief:

> Ich tret herein ohn allen Spott,
> einen schön gut'n Abend geb euch Gott,
> einen schön gut'n Abend, ein glückselige Zeit,
> die uns der Herr vom Himmel geit.
>
> Ehrsame, wohlweise, großgünstige Herrn,
> auch tugendsame Fraun und Jungfraun in allen Ehrn:
> Ich bitt, wollt euch nicht verdrießen lahn,
> eine kleine Weile zu hören an.
> Was man euch jetzt wird bringen vor,
> ist nicht von uns erdichtet nur,
> ist auch von Heiden nicht erdacht,
> sondern aus der heiligen Schrift vollbracht,

von der Geburt des Herrn Jesus Christ,
die uns zum Trost geschehen ist.
Drum, wann ihr's wollt hören in guter Ruh,
so schweiget still und hört uns fleißig zu!

Was war das doch für eine andere Welt, in der wir uns plötzlich vorfanden! Es war ja nicht nur die altertümliche Sprache in diesem Spiel. Es stammt aus Oberschwaben, seine ältesten Texte reichen ins 12. Jahrhundert zurück und im 16. Jahrhundert wurde es von auswandernden Bauern bei ihrem Zug nach Osten bis in ihre neue Heimat bei Preßburg nach Oberufer mitgenommen und seitdem alljährlich aufgeführt. Nicht nur die Sprache, auch die Spielfreude waren uns fremd und neu, und der ganze festliche, erdhafte Hintergrund dessen, was da darzustellen und zu sprechen war.

Wir hatten ja noch kaum Zeit gehabt, uns vorzustellen, wofür wir leben sollten und wie die Welt aussehen könnte, in der es für uns eine Zukunft gab. Und da spielten wir dann den Herbergswirt und die Hirten auf dem Feld, die Engel, die drei Könige und fanden in den neuen Rollen Vorschläge, wie wir uns in ein Leben mit anderen Menschen einfinden könnten. Ich selbst hatte den Bösewicht zu spielen, den König Herodes, und meine Freundin, meine spätere Frau, die Maria spielte, hatte ich kräftig zu beschimpfen.

Da wird von Engeln gesagt, sie hätten gesungen. Gut, so schlossen wir uns ihrem Singen an, obwohl wir nicht wussten, was wir uns unter Engeln vorstellen sollten. Den Hirten wurde gesagt, sie sollten nach Betlehem gehen, so wanderten wir um die Zuschauer herum durch den ganzen Saal zu einer Krippe. Weil da drei Könige aus dem Osten kamen und ein Stern ihnen als Wegzeichen diente, darum reckte der Vorderste aus dem Gefolge der Könige an einer langen Stange einen Stern in die Höhe.

Das alles ist lange her, über fünfzig Jahre, und ich habe seitdem keine dieser farbigen, lebendigen Figuren mehr gespielt. Aber ich habe nie das Gefühl verloren, irgendwo in all dem, was da aus so weiter Ferne zu uns kommt, spiele mein langes Leben mit.

Weiß ich heute besser, was ein Engel ist? Wir heutigen Menschen sind ja zumeist überzeugt, es gebe wohl Steine, es gebe Pflanzen, es gebe Tiere, und als krönende Spitze der ganzen Schöpfung habe der Mensch seinen Ort. Aber was kann ein an seinem Geist und an seinen Sinnen so eingeschränktes Wesen wie der Mensch darüber aussagen,

10

Ikone vom Athos, Erzengel Gabriel

was es über ihm und um ihn her und zwischen Gott und ihm noch geben mag? Lassen wir doch offen, was es an wirkenden Wesen in irgendeiner uns verborgenen Wirklichkeit geben mag, und seien wir achtsam, ob uns nicht vielleicht einmal die Erfahrung einer solchen Mächtigkeit zuteil wird.

Die alten Geschichten der Bibel erzählen uns von Engeln. Sie umstehen »Gottes Thron« als Wächter. Sie werden als Boten gesandt zu Menschen, denen ein Gotteswort zugedacht ist. So heißen sie »Engel«, das heißt Sendboten. Sie stammen sozusagen aus dem Urfeuer, dem flammenden Gotteswort, aus dem die Welt hervorging, und heißen darum auch »Seraphim«, die »Brennenden«. Sie sind hilfreich und bedrohlich zugleich. Sie treten vor uns in einer Erfahrung von Licht und Kraft.

Das Bild auf dem Umschlag dieses Buches zeigt einen Engel, wie ein Mönch und Maler ihn dachte. Auf dem Athos lebte er, im 14. Jahrhundert. Wer damals malte, fühlte sich nicht als Künstler, sondern als Werkzeug in der Hand einer höheren Macht. Sie waren alle Asketen. Sie arbeiteten an ihren Ikonen während eines strengen und konzentrierten Exerzitiums, in Gebet und Meditation, und so fanden ihre Bilder eine Kraft und eine Hoheit, die den Engeldarstellungen unserer westlichen Tradition seit fast tausend Jahren schon fast ganz abhanden gekommen ist. Sie malten in einer Ehrfurcht vor der Wirklichkeit einer geistigen Welt, wie sie bei uns kaum je mehr spürbar wird. Und so gehören die griechischen, die byzantinischen und die russischen Ikonen zum Wahrsten und Reinsten, das die bildende Kunst an religiösen Darstellungen rund um die Welt je hervorgebracht hat.

Unsere Ikone beschreibt links oben, wer da gemeint ist. »O AR«, lesen wir, das heißt »der Erzengel«, und rechts steht geschrieben »Gabriel«. Er ist jener Engel, von dem die Geschichte von der Verkündigung an Maria erzählt, er sei zu der jungen Frau »hineingegangen«. In ihre Wohnung? Oder in sie selbst? Der Engel trägt in der rechten Hand einen Stab, wie ihn Gesandte in früheren Zeiten mit sich führten als Zeichen dafür, dass sie einen Fürsten oder König vertraten. Er redet nicht. Aber es scheint, als wolle er mit der linken Hand dem Menschen, dem er erscheint, sagen: »Komm! Komm näher! Ich habe dir etwas zu sagen! Und was ich dir sage, das kannst du weder ignorieren noch vergessen. Es wird dein künftiges Leben prägen.« Aber seine Strenge und seine Kraft kommen aus einer freundlichen Zuwendung, aus einer gütigen Weisheit.

Es gibt durchaus Erfahrungen, die uns nahelegen, von Botschaften zu reden oder von einem Botschafter. Der Achtsame wird sich plötzlich der Nähe einer begegnenden Macht bewusst, er erlebt, dass ihm plötzlich die Augen aufgehen und ein Licht einbricht. Er weiß von da an: Ich kann eine Kraft aufnehmen, die anderswo herkommt. Er kann sagen: »Gabriel!« Zu deutsch heißt das »Gott ist meine Kraft«. Gott gibt mir Mut. Ich kann es mit dem Leben aufnehmen. Er überlässt sich nicht mehr seiner Mattigkeit, er »tritt auf seine Füße«, wie der Engel es von Daniel fordert. Er nimmt den Auftrag an, er selbst zu sein. Und vielleicht wird er selbst zu einer Stimme, die in der Kraft Gottes andere anspricht. Er wird selbst zu einem Engel.

Zu Weihnachten wird uns eine Geschichte erzählt, die so wirken mag, als gehöre sie der Welt der Märchen an, und die doch handfest auf unserer Erde stattfand. Sie sagt ja nicht, »Es war einmal...«, sondern »es begab sich aber zur Zeit des Kaisers Augustus«. Und sie hat mit einer historisch belegten brutalen Steuerschätzung zu tun und mit der Ausbeutung von kleinen Leuten, von Handwerkern und Bauern aus Nazaret und Betlehem und einem ganzen Land.

Sie berichtet zunächst nichts Besonderes. Da wandert ein Mann namens Joseph mit seiner schwangeren jungen Frau zweihundert Kilometer weit über die Berge von Samaria nach Betlehem. Er weiß nicht, wie lange diese Reise sich hinziehen oder ob er überhaupt je sein Dorf wieder erreichen wird. Und diese Geschichte geschieht ja bis in unsere Tage, in denen rund um die Welt Millionen unterwegs sind, vertrieben oder flüchtig, bedroht von den Mächtigen der Erde.

Als Maria und Josef an ihrem Ziel ankamen, »kam die Zeit, da sie gebären sollte, und sie gebar ihren ersten Sohn«, wie Millionen Mütter auf den Straßen dieser Welt. »Sie legte ihn in eine Krippe, denn sie fand keinen Raum in der Herberge«, und so liegt er dort wie Millionen neugeborene Kinder, die ihr Leben in Kisten und Schachteln in den Bretterbuden am Rand der Großstädte beginnen. »Und es waren Hirten auf dem Feld, die des Nachts ihre Herden hüteten« – Hirten, die auf eine bessere Zeit warteten, wenn sie dazu noch den Mut hatten, und einen Befreier hofften, der Gerechtigkeit schaffen würde. Und wie sie, so warten und hoffen oder verzagen alle die Getretenen und Ausgenützten rund um die Erde.

Aber was will eigentlich diese Geschichte des so furchtbar Normalen? Sie will deuten, was da eigentlich, in ihrem Hintergrund, geschehen sei. Sie will es unserer Seele zeigen, und sie tut das mit Bildern, die unsere Seele versteht. Sie will in uns nachgeschehen, und so tritt in ihr das Kind von Betlehem in Erscheinung nicht nur in seiner fernen Gestalt, sondern auch als das Kind, das in uns selbst zur Welt kommen soll. Sie sagt: Du bist der Stall, in dem Gott zur Welt kommen will. Wie die Hirten in die Höhle gingen, so können sich alle deine Kräfte dort versammeln. Und wie die Magier aus dem Osten sich dem Zug der schlichten Hüteknechte anschließen, so sollen sich dein Geist und dein Nachdenken mit einfinden. Du kannst Augen gewinnen, die Bilder sehen, du kannst in die Hörsamkeit finden, die Stimmen zu hören vermag. Du kannst den Stern entdecken, der dir in dir selbst vorausgeht bis an dein Ziel, nämlich deine Begegnung nicht nur mit dem Kind in dir, sondern auch und vor allem mit dem Mann aus Nazaret.

Da leuchten also Bilder vor dir auf. Du nimmst sie in dich selbst hinein und gibst ihnen Raum. Sie wollen etwas Neues und Schönes in dir beginnen. Und du musst ihnen gewähren, dass sie das tun. Sinnvolles Nachdenken geht nie nur vom Kopf aus, und es hat immer die erlösende Wandlung im Auge, die in dir geschehen soll. Du nimmst also Abschied von dem dünnen, oberflächlichen Denken, das wir gewöhnt sind, du fragst nicht mehr nach Argumenten, nach Beweisen oder Gegenbeweisen, es ist dir nicht mehr ganz so wichtig, wie es alles sich dem Auge dessen darbietet, der es für geschichtlich oder ungeschichtlich halten will. Du öffnest deine Seele für eine Intuition, die die heimliche Deutung deines ganzen Daseins erfährt. Vielleicht wirst du dabei auch anfangen, unter der Ferne zu leiden, in der wir Menschen zu allen Zeiten leben, der Ferne von der Wahrheit, der Ferne von dem Frieden, den wir doch eigentlich suchen, der Ferne von Gott. Vielleicht erwacht in dir zunächst nicht das Glück des Findens, sondern das Elend des Vermissens, wie es sich etwa ausdrückt in dem Klagelied des Jesaja:

Komm wieder zu uns, Herr!
Schau vom Himmel, sieh herab aus deiner heiligen Höhe.
Wir Menschen wissen nichts von dir
und sehnen uns doch nach deiner Liebe und Barmherzigkeit.
Du bist doch unser Vater.
Seit uralten Zeiten warst du der Erlöser
für die, die dich suchten.
Komm wieder!
Nach Jesaja 63

14

Meister Francke, Christgeburt

Fast sieht es so aus,
als wärest du uns immer ferne gewesen!
Ach, wenn du doch den Himmel zerrissest!
Ach, wenn du doch herabkämst,
dass die Mächte der Gewalt vor dir vergingen,
dass sie verglühten wie Reisig im Feuer,
dass sie verdampften
wie siedendes Wasser über der Flamme!

Seit alten Zeiten bist du denen begegnet,
die dich suchten, nun aber bist du uns ferne gerückt,
als ob wir ohne dich lebten.
Nun sind wir unrein,
unsere Frömmigkeit ist wie ein verschmutztes Kleid.
Wir sind verwelkt wie die Blätter,
und unser Eigenwille treibt uns dahin wie der Wind.
Jeder lebt, als gäbe es dich nicht.
Jedem ist sein einsamer Weg genug.
Du lässt uns allein mit unserem Unrecht,
und das Unrecht drückt uns zu Boden.

Aber das ist doch wahr: Du bist unser Vater.
Wir sind Ton, du bist der Töpfer.
Wir alle sind deiner Hände Werk.
So komm, und lass uns nicht allein!
Nach Jesaja 64

Nikos Kazantzakis deutet den allmählichen Weg an, den du gehen kannst, bis du wieder verstehst, was du vielleicht als Kind schon einmal verstanden hattest:

Die Sterne leuchteten, groß wie Engel, über der schneeweißen Kuppel der Kirche, die Milchstraße ergoss sich von einem Ende des Himmels zum andern, ein grüner Stern funkelte wie ein Smaragd über uns. »Glaubst du«, sagte Sorbas, »dass Gott Mensch wurde und in einem Stall zur Welt kam?« »Darauf kann man schwer etwas antworten, Sorbas. Ich glaube es und glaube es auch nicht. Und du?« »Was soll ich dir sagen! Wie soll sich da einer auskennen! Als ich noch ein kleiner Bengel war und meine Großmutter

16

mir Märchen erzählte, hielt ich alles für Unsinn. Und doch zitterte ich und lachte und weinte, als ob ich es glaubte. Als mir dann der Bart wuchs, warf ich alle diese Märchen zum alten Eisen und machte mich sogar lustig darüber. Aber jetzt, auf meine alten Tage, bin ich kindisch geworden und glaube wieder daran… Was für ein seltsames Geschöpf ist doch der Mensch!«

Wohin du wieder finden kannst, das schildert dir das wunderbar naive Bild des altdeutschen Meisters Francke. Wir sind da nicht in einem Stall, sondern in einer offenen Landschaft, vor einer Höhle im Freien. Um ihren Eingang her bricht die Erde schroff ab, als endete hier die uns vertaute Welt. Mit dem langen, frei fließenden Haar des jungen Mädchens und im weißen Gewand kniet Maria und schaut hinab auf ihr Kind. Das liegt ohne Krippe auf der Erde, getragen von einem goldenen Strahlenkranz. Der ist nicht der sonst übliche Nimbus, die goldene, runde Scheibe hinter oder über dem Kopf, mit der die Heiligkeit eines Menschen angedeutet werden soll, sondern wie bei Maria der Strahlenkranz, der nicht die Heiligkeit, sondern die Transparenz eines Menschen deutet, das Leuchten des göttlichen Lichtes durch ihn hindurch.

Die Krippe ist wohl da, aber den beiden Tieren vorbehalten, die in einer Nische der Höhle stehen und zu Maria hinschauend ihr Heu fressen. Es scheint, als wollte Meister Francke sagen: Die Krippe bist du selbst, der das Bild sieht. Und alle deine Kräfte – scheue dich nicht, sie Ochs oder Esel zu nennen – sollen sich dort versammeln, wo dieses Kind in dir zu Welt kommen soll.

Rund um Maria knien drei Engel, ein Tuch haltend. Die schützen das Kind nicht nur vor dem Wind oder vor den Blicken Vorübergehender, sie deuten vielmehr an, es handle sich bei alledem um den geheimen Innenraum der Menschenseele, in der dieses Kind zur Welt kommen soll.

In der Bildmitte zieht sich die Landschaft über dunkelgrüne Hügel, die mit einzelnen Bäumen und Baumgruppen bestanden sind. An der Anhöhe zur Rechten weiden zehn Schafe, von zwei Hirten bewacht, zu denen sich ein Engel herabschwingt, das Spruchband haltend: »Gloria in excelsis!«

Über dem Himmel oben neigt sich Gott, der Vater, segnend herab. Aber das Erregende an diesem ganzen Bild ist der Himmel selbst. Er glüht rot auf hinter den Wolken, als sollte gesagt werden: Hier bricht ein alles durchdringendes Licht, ein glühendes Feuer in die Welt ein. Ein Feuer, das nicht nur zu bewundern, sondern zu fürchten ist, in dem sich auch ein Untergang ankündigen könnte, ein zerstörender Weltbrand. Und in der Tat hat eine wirkliche Gotteserfahrung immer auch etwas von einer elementaren Bedrohung an sich, von tödlicher Gefahr. Aber diese Bedrohung erweist sich in dem Kind von Betlehem als eine alles Irdische umfassende Liebe.

Dieses Feuer ist nicht die apokalyptische Weltzerstörung, denn die Sterne stehen in klarer Ordnung mitten in ihm, die Weisheit der göttlichen Fürsorge deutend. Sie beteiligen sich an der Anbetung des Wunders Gottes durch ihre Berechenbarkeit und ihren Lauf nach der Ordnung Gottes. Es ist das Feuer einer Liebe, die von den Ängsten jener wie auch unserer Zeit die Nacht nimmt. »In ihm war das Leben«, sagt Johannes, »und das Leben ist das Licht der Menschen.« Es ist Licht aus dem nicht geschaffenen Urlicht, dem Feuer Gottes.

Denn wir feiern ja am Fest der Christgeburt den Geburtstag dessen, der gesagt hat, er sei gekommen, wunde Herzen zu heilen, Bedrängten die Freiheit zu bringen, den Blinden das Licht und den Geschlagenen die Nähe der Liebe Gottes. Wir feiern den, von dem ein Prophet ankündigte, er werde kommen, um die, die in Trauerkleidung gehen, in Festgewänder zu hüllen. Er werde den Schwermütigen, die stumm sind in ihrem Leid, ein Lied in den Mund legen: Lobgesang und Dank. Und über diesen Geburtstag berichtet nun das Evangelium in der berühmten »Weihnachtsgeschichte«:

> Es begab sich aber zu jener Zeit,
> dass ein Gebot von dem Kaiser Augustus ausging,
> dass alle Bewohner des Reiches gezählt werden
> und eine Steuer zahlen sollten.
> Zum ersten Male geschah das;
> es war in der Zeit, als Quirinius Statthalter in Syrien war.
> Und jedermann war gezwungen, an den Ort zu gehen,
> an dem er geboren war,
> um sich zählen und einschätzen zu lassen.
>
> Da wanderte auch Josef von Galiläa,
> aus der Stadt Nazaret, nach Judäa
> in die Stadt der Familie Davids, nach Betlehem,
> denn er war vom Hause und vom Stamme Davids,

18

und ließ sich eintragen
zusammen mit Maria, seiner Verlobten.
Die war schwanger.
Während sie aber dort waren,
kam die Zeit der Geburt,
und sie gebar ihren ersten Sohn,
wickelte ihn in Windeln
und legte ihn in eine Krippe,
denn sie hatten sonst keinen Raum
in der Herberge.

Nun waren Hirten
in derselben Gegend auf dem Felde
bei den Hürden,
die hüteten des Nachts ihre Herde.
Ihnen erschien ein Engel Gottes,
Licht aus Gottes Licht strahlte um sie,
und sie fürchteten sich sehr.
Und der Engel sprach zu ihnen:

»Fürchtet euch nicht,
Hört! Ich verkündige große Freude,
euch und dem ganzen Volk:
Euch ist heute der Retter geboren,
Christus, der Herr, in der Stadt Davids.
Und das ist das Zeichen:
Ihr findet ein Kind, in Windeln gewickelt
und in einer Krippe liegend.«

Da plötzlich stand um den Engel
die Menge himmlischer Wesen,
die rühmten Gott und sangen:
»Ehre sei Gott in der Höhe und Friede auf Erden
euch Menschen, den Gottgeliebten!«

Als nun die Engel von ihnen schieden
und zum Himmel fuhren,
sprachen die Hirten zueinander:
»Lasst uns nach Betlehem gehen

und die Geschichte sehen, die da geschehen ist,
die uns Gott kundgetan hat.«
Sie kamen in aller Eile und fanden Maria,
Josef und das Kind, das in der Krippe lag.
Als sie es aber sahen, fingen sie an, allen,
die dabei waren, zu erzählen,
was sie erlebt hatten, und die Worte zu wiederholen,
die ihnen über dieses Kind gesagt worden waren.
Und alle, die davon hörten, wunderten sich.
Maria aber behielt, was geschehen war,
und alle diese Worte und bewegte sie in ihrem Herzen.
Und die Hirten kehrten wieder um,
rühmten Gott und priesen ihn für alles,
was sie gehört und gesehen hatten
und was so genau den Worten des Engels entsprach.
LUKAS 2

Diese Geschichte begleitet mich nun seit meiner frühesten Kindheit. Am Heiligen Abend, ehe es die Geschenke gab, sagten wir Kinder sie auf, als wir noch längst nicht lesen konnten. Die ganze verträumte Welt eines kindlichen Lichterfests liegt in ihr, und ich kann sie noch heute nicht sprechen, ohne in die kleine Stube versetzt zu sein, in der damals der Christbaum stand. Sie ist mir noch heute der Inbegriff des Märchenhaften, diese Geschichte mit ihrem offenen Himmel und mit dem Gesang von Engeln, mit Hirten und Schafen und mit einem jungen Paar, das bei aller Mühsal und Armut so unendlich geborgen mit seinem Kind in einem dunklen Stall ruht.

Aber wir feiern keineswegs eine Idylle, sondern den Beginn eines Menschenweges. Ein Menschenschicksal feiern wir und nicht die Erscheinung eines Halbgottes. Sein Weg wird nicht in Glanz und Herrlichkeit verlaufen, sondern in Dunkelheit und Gefahr und Leiden. Und das ist euer Weg, ihr Menschen, sagt die Geschichte. Euer Weg wird über Höhen und in Tiefen führen, durch Tage mutigen Schaffens und Nächte verzweifelter Mattigkeit. Das ist euer Weg, und Gott geht ihn mit euch. Wenn aber die Tage und Nächte auf dieser Erde durchlebt und durchlitten sind, dann soll dieser Weg nicht enden, sondern weitergehen, durch sein Ende hindurch in einen neuen Anfang. Sein Ende wird der Tag einer neuen, einer zweiten Geburt sein, hinüber in ein andersartiges neues Dasein.

20

Wir müssen wohl einige wichtige Wahrheiten wieder neu begreifen. Zum Beispiel die: Nicht was wir erreichen, ist wichtig, wichtig ist der Weg selbst. Wichtig ist, wie wir ihn gehen, wie wir ihn finden oder verfehlen, wie wir über Höhen und Tiefen unsere Schritte setzen. Der Weg selbst ist das Leben. Und dieser Weg führt weiter als alle Erfolge und Misserfolge unserer sechzig oder achtzig Jahre. Er hat seine Schönheit aus der Liebeskraft, die uns unterwegs zuwächst. Aus der Weisheit, die wir finden, aus den Opfern, zu denen wir bereit waren. Aus dem weiten Raum des Gottesreichs, durch den er geführt hat und in dem er weitergehen wird, wenn unser Leben auf dieser Erde endet. Nicht das Erreichbare oder das Erreichte ist wichtig, sondern das Gehen. Zacharias sagt im Zusammenhang dieser Weihnachtsgeschichte:

Freundlich ist Gott.
Aus der Höhe sendet er ihn, der das Licht ist.
Das wird aufglänzen für uns
in der Finsternis und im Schatten des Todes,
und wird uns geleiten auf den Weg des Friedens.
LUKAS 1

Denn Weihnachten gilt uns mit vollem Recht als ein Fest des Friedens. Hier soll ein Weg in uns beginnen, der im Frieden verläuft und in den Frieden führt. Ein Weg, den wir ohne Streit und Kampf gehen, ohne Vorwürfe und Anklagen, im Frieden mit Gott. Im Frieden mit uns selbst, im Frieden mit unserem Geschick, im Frieden mit den Menschen um uns her. Wenn uns der Friede gelingt, ist unser Lebensweg gelungen.

Die Geschichte von der Geburt des Kindes in Betlehem sagt uns: Du bist auf diese Erde gesandt. Gehe nun diesen Weg auf der Erde, achte auf Gottes Willen, achte auf seine Führung, auf die Zeichen, die er dir gibt. Der dich gesandt hat, ist da. Er führt dich. Er begleitet dich mit dem Gesicht eines Bruders. Er stützt dich. Er zeigt dir deinen Weg. Er empfängt dich am Ende. Und er führt dich weiter ohne Aufhören. Unendlich. Geh, einige dich mit dem, was Gott mit dir tun will, und lebe in Frieden.

Dein Weg führt in eine größere Welt. Du wirst ein Licht schauen, unendlich heller als die Sonne dieser Welt. Fasse davon, so viel du kannst. Alles wirst du ohnedies nicht begreifen. Aber lass, was du begriffen hast, hier, auf dieser Erde, spürbar werden. Alles, was du erreichen kannst im Lauf deines Lebens, ist unwichtig gegenüber dem einen, dass von diesem Licht und diesem Frieden des Herzens um dich her etwas spürbar geworden ist.

Denn du bist nicht irgendjemand. Du bist weder entbehrlich noch austauschbar. Du bist dieser eine, unverwechselbare, von Gott geliebte Mensch. Du bist Erde, über der ein Stern steht. Erde, über der das Lied der Engel gesungen wird: »Ehre sei Gott in der Höhe und Friede auf Erden euch Menschen, den Gottgeliebten.«

Der Bote mit dem dunkelblauen Brief

Werner Reiser

Kurz vor Weihnachten stand auf dem Münsterplatz ein Bote mit einem großen, dunkelblauen Brief. Darauf waren nur drei Worte geschrieben: »An die Begnadete«. Er hatte den Brief kurz vorher dort in die Hand gedrückt bekommen, wo alles dieselbe tiefe Farbe hatte, und dazu den Auftrag vernommen, ihn in dieser Stadt abzugeben. Bei der Auswahl des Empfängers hatte er freie Hand, und helfend zur Seite stand ihm die anerkannte Geschicklichkeit seines Spürsinns.

Glückselig war er ausgezogen und hatte sich an seinem Auftrag so gefreut, dass er mit dem Umschlag nach allen Seiten gewinkt und gelacht hatte. Das würde ein Auflauf werden, bei dem sich alle um ihn drängen und die Adresse ergänzen würden! Er hatte sich aber vorgenommen, sorgfältig und weise auszulesen.

Er hatte als Standort einen großen Platz ausgewählt, auf dem das Gedränge gut zu bestehen wäre. Erst als er nahe herangekommen war, merkte er, dass der Platz nicht von Menschen, sondern von Autos voll besetzt war. Himmlische Boten achten immer zuerst auf das Innerste der Menschen und entdecken erst dann die Körper, die Kleider und das Blech, das es umgibt. Aber er hatte sich rasch gefasst: Wo Blech ist, sind auch Menschen zu erwarten. Für ihn roch alles nach Mensch, was mit Menschen zu tun hatte und von ihnen in Dienst genommen wurde.

Er stellte sich hin. Er hielt den Brief aufrecht in der Hand und stand so, dass er jedem Vorübergehenden auffallen musste. Aber wie wohlerzogen sie hier waren! Wohl schaute der eine und der andere auf ihn und sein Papier, aber keiner kam näher, um aus Neugier oder Interesse zu lesen. Nein, es war den Leuten nicht beizukommen. Er musste sich ihnen nähern, sie anreden und herauslocken. Es war zwar unter seiner Würde, aber was zählten hier himmlisches Ansehen und Ehre. Die Adresse musste vervollständigt werden. So lautete der Befehl.

»Dort, dort kommt eine Frau mit zwei Kindern und einer Markttasche, die von Tüten und Paketen überquillt. Sie muss glücklich sein, dass sie so üppig und kinderfroh dahinschreitet. Sie ist es!« dachte er und trat ihr in den Weg. »Ich habe einen Brief für Sie, wollen Sie bitte lesen«, sprach er sie an und streckte ihr den Umschlag entgegen. Sie musterte den Fremden überrascht. Man wird sonst hier auf der Straße nicht angesprochen, man lässt einander in Ruhe. Ein Brief, der nicht auf ordentliche Weise mit der Post kommt? Wohl ein neuer Reklametrick für die Weihnachtssaison? »Nein, danke, ich brauche nichts. Und wie Sie sehen, habe ich mit dem Einkauf und den Kindern alle Hände voll zu tun. Adieu!« Fast hätte aus lauter Freundlichkeit der Bote ihren Gruß erwidert und gesagt: »Ja, à Dieu – mit Gott!« Doch er war bestürzt. Nicht mit Gott. Mit vollen Taschen und Paketen.

Ein paar junge Mädchen lachten unter den Kapuzen, Schülerinnen der benachbarten Schule. Er freute sich an ihnen. Er winkte ihnen fröhlich zu und steckte den Umschlag unter ihre Mützen. Sie schämten sich nicht, neugierig zu sein. »An die Begnadete?« sahen sie einander fragend an. »Ja«, bestätigte ihnen der Bote, »ich suche die Empfängerin des Briefes in dieser Stadt. Vielleicht ist eine von Ihnen damit gemeint.« – »Nein, gewiss nicht. Wir sind nicht besonders begabt. Eben hat einer unserer Lehrer festgestellt, dass unter uns keine Genies sind und wir unter dem Durchschnitt arbeiten. – Fragen Sie doch einen Künstler, von ihnen sagt man, dass sie begnadet seien. Wir sind es nicht. Wir können nicht einmal schön singen.« Eine Glocke läutete. Die Mädchen stoben davon.

Der Bote ließ den Brief sinken. Stand er am falschen Ort? In der falschen Stadt? Aber er hatte den Namen der Stadt gut gehört. Er ging ein wenig auf und ab. Es begann zu regnen. Einige Tropfen fielen auf den Umschlag und wellten das Papier. Als er es näher ansah, fiel ein Tropfen auf das zweite Wort und verwischte die letzten Buchstaben. Der Bote stutzte. Das war vielleicht ein Zeichen von oben. Nun könnte er auch die Männer unter die Empfänger reihen. »Die oder der Begnadete, was war da schon für ein Unterschied!« Natürlich, auch Männer gehörten dazu. Jener zum Beispiel, jener Mann mit der Aktenmappe. Er grüßte ihn freundlich und bat ihn um Hilfe wegen einer Adresse. Die bisherigen Erfahrungen stimmten ihn nun schon etwas angriffslustiger. »Ist das etwa Ihre Adresse?« half er dem Manne nach. Aber der wehrte heftig ab. »Ich bin nicht begnadigt, denn ich war nie verurteilt. Sehe ich etwa so aus? Mit Gerichtssachen habe ich nichts zu tun. Ich habe mir nichts vorzuwerfen. Fragen Sie auf dem Polizeiposten nach!« Und energisch drückte er seine Mappe unter den Arm und gegen das Herz. Gegen das nie verurteilte und nie begnadigte Herz eines wohlanständigen Mannes. Wieder nichts. Der Bote blieb allein zurück.

Als er um sich schaute, sah er, dass andere Boten in ihrer typisch irdischen Kleidung zwischen den Autos herumgingen, da und dort stehenblieben und einen grünen Zettel auf die Windschutzscheibe legten. Die wollten auch jemandem eine freudige Überraschung machen! Ihr Vorgehen leuchtete ihm ein, und er näherte sich langsam einem der Autos und versuchte, den blauen Umschlag auf die Scheibe zu legen. Da kam ein Mann dahergerannt, warf die Hände in die Luft und rief: »Ich bin rechtzeitig zurückgekommen. Verschonen Sie mich mit Ihrer Buße!« Der Bote stutzte: Buße? Dieses Wort kannte er doch. Es löste bei ihnen im Himmel stets Freude aus, wenn einer von den Irdischen Buße tat. Es kam nicht oft vor, doch es wurde jedesmal ein Fest daraus. Aber dieser Mann sah keineswegs bußfertig und festlich aus. War auch die Buße bei den Menschen in Verruf gekommen? Er nahm den Umschlag von der Scheibe, zeigte ihn dem Manne und fragte erstaunt: »Sind Sie nicht glücklich über das, was hier steht?« Erst jetzt blickte der Mann näher hin und studierte die Anschrift. »Was soll ich mit diesem Papier? Ich bin Geschäftsmann. Ich bin vom Morgen bis zum Abend unterwegs und werde von meinen Kunden und Konkurrenten gnadenlos gehetzt. Mir wird nichts geschenkt. Ich muss selber alles hart erarbeiten. Gnad' Gott dem, der da nicht mitkommt! – Aber nun halten Sie mich nicht länger auf. Ich habe noch einige Termine vor mir.« Und rasch stieg er ein und fuhr davon. »Ja, gnad' Gott dem, der da nicht mitkommt«, flüsterte der Bote hinter ihm her und seufzte schwer. Er war dabei nicht mehr ganz sicher, wer nun eher die Gnade Gottes brauchte. War es der, der meinte, mitmachen zu müssen, und das Opfer der menschlichen Gnadenlosigkeit wurde? Oder war es der, der es wagte, nicht mehr mitzumachen, und sich damit ebenso der menschlichen Gnadenlosigkeit auslieferte? Konnten denn die Menschen die Gnade nur noch in Form ihrer Abwesenheit erleben? Etwas stimmte nicht mehr im himmlischen Haushalt. Entweder war er für die Menschen zu unverständlich geworden, oder die Menschen wurden von ihm zu gut eingeschätzt. Die beiden Welten trafen sich nicht einmal mehr in den Worten.

Der Platz wurde leer, der Regen immer stärker. Der Bote suchte Schutz vor ihm und stellte sich unter den schmalen Eingang des Münsters. Da war er wenigstens nicht ganz allein. Über ihm jubelten und tanzten in den Torbögen die Engel. Er wurde ganz neidisch. Sie konnten gut jubeln, denn sie waren aus Stein und mussten sich nicht mit den zu Stein erstarrten Herzen der Menschen herumschlagen. Wenn er nur endlich den Brief irgendwo hinlegen könnte, wo ihn zufällig jemand finden würde. Dann könnte er auch wie sie jubeln und tanzen.

Plötzlich erblickte er über sich eine Nische. Sie lag am mittleren Pfeiler des Eingangs, an dem gewiss viele Menschen vorbeigehen würden. Er streckte sich aus, um in die Nische zu blicken, und erschrak. Das war keine Nische. Das war ein leeres Postament, auf dem einst jemand gestanden hatte. Deutlich war noch der Fußabdruck zu erkennen. Den kannte er doch! Oft genug war er der, die solche Abdrücke hinterließ, zu Füßen gesessen und hatte sie angestrahlt. Maria. Die Mutter des Erlösers. Der Mensch, der zum ersten Mal diese Botschaft bekommen und angenommen hatte. Wollte sie ihn hier grüßen und ermutigen?

Aber wo war sie denn hingekommen? Ihr Postament war leer, leer wie der große Platz vor ihr, leer wie die Herzen der Menschen. Gab es für die Erstgeborene der Begnadeten auch keinen Raum in dieser Stadt, die so ungnädig wirkte? Konnte sie auch nur noch durch Abwesenheit wirken und durch den heimlichen Sog der Leere die Sehnsucht nach Gnade wecken? Ihr Sockel war leer, aber das bedeutete nichts. Sie konnte jederzeit wiederkommen, auch wenn sie sich nicht mehr sichtbar auf ihn stellte. Die Gnade war anwesend, auch wenn die Menschen nur noch unter ihrer Ferne litten. An diesem Ort wollte er seine Botschaft niederlegen. Hier war sie in guter Obhut.

Er legte den Brief auf den Sockel. Aber der Wind, der scharf um die Ecke wehte, wirbelte ihn zu Boden. Er hob ihn auf. Nun war er ganz feucht. »Nein, so geht es nicht«, sagte sich der Bote. »Ich darf die Gnade nicht am Boden verkommen lassen. Es gibt doch irgendwo einen Menschen, der sie freiwillig annimmt und sich an ihr freut. Vielleicht betritt jemand dieses Haus mit dem Heimweh nach ihr und ist froh, sie zu finden.« Er schaute das eisenbewehrte Portal an. Warum sollten während der Nacht immer nur Diebe und Demonstranten ins

Münster eindringen und nicht auch einmal ein Bote aus einer andern Welt? Er drückte sich an die Pforte und drang hindurch. Mit seinem Licht erhellte er die Dunkelheit und schritt durch den großen Raum. Die Leere bedrückte ihn, aber stimmte ihn zugleich zuversichtlich. Da war doch Platz für viele, und unter den vielen würde ein Mensch sein, der das Angebot annehmen würde. Er legte den dunkelblauen Brief auf den Tisch. Dann zog er sich hinter eine der Säulen zurück und begann von neuem zu warten. Er durfte ja nicht dorthin zurückkehren, wo er den Auftrag erhalten hatte, bis er ihn erfüllt hatte.

Seither liegt der Brief auf diesem Tisch und wartet auf den, der ihn annimmt. Mit ihm wartet im Verborgenen ein Bote Gottes auf einen Menschen, der sich nach einem gnädigeren Leben sehnt.

Das Kind in uns

2

☆☆☆☆☆☆☆☆☆☆☆☆☆☆☆☆☆☆☆☆☆☆☆☆☆☆

Denken wir einmal zurück in die lange religiöse Geschichte der Menschheit und zu den Bildern und Geschichten des alten Mythus. Die Völker früherer Zeiten feierten immer schon eine Art von göttlicher Familie mit einem Gott als Familienoberhaupt oder einer göttlichen Mutter, und sie feierten immer schon ein »göttliches Kind« mit Märchen, Legenden und und kultischen Begehungen. In Dichtungen haben sie es gepriesen, in Worten der Weisheit haben sie von ihm geredet.

So verehrten sie eine große Mutter, die ihr Kind, in dem sich das Licht aus der Dunkelheit erhebt, zur Zeit der Wintersonnenwende zur Welt bringt. Vor diesem Fest und danach waren Tage des Friedens. Und besonders erfüllt mit Segen und Heil waren diese dunklen Tage, wenn der Neumond mit der Wintersonnenwende zusammenfiel. Das geschah und geschieht alle neunzehn Jahre. Ein solches besonderes Weihnachtsfest werden wir im Jahr 2000 haben. Der Neumond fällt da auf den 25. Dezember.

Dann geschieht, was eines unserer Weihnachtslieder meint: Dann steht die Mondsichel waagerecht am Himmel, und die große Mutter fährt auf ihrem silbernen Schiff durch das Meer der Sterne und der Wolken, und mit ihr kommt der neugeborene Sohn. Der folgende Vollmond aber fällt dann auf den 6. Januar, den Tag nämlich, an dem das verborgene Heil der Weihnacht zu seinem vollen Glanz aufgeht und den wir bis zum heutigen Tag als das »Fest der Erscheinung Christi«, des Himmelskönigs feiern.

An Weihnachten also darf der Mensch aufatmen, aufleben. Er sieht ein »Schiff«, das zu ihm kommt mit dem Geschenk des Lichts an Bord. Und in ihm selbst wacht das Licht wieder auf, schöpferisch, reich und beglückend.

So singen wir:

Es kommt ein Schiff geladen
bis an sein höchsten Bord,
trägt Gottes Sohn voll Gnaden,
des Vaters ewigs Wort.

Das Schiff geht still im Triebe,
es trägt ein teure Last,
das Segel ist die Liebe,
der heilig Geist der Mast.

Der Anker haft auf Erden,
da ist das Schiff am Land.
Das Wort will Fleisch uns werden,
der Sohn ist uns gesandt.

DANIEL SUDERMANN NACH EINEM MARIENLIED AUS STRASSBURG

Da wir nicht wissen, an welchem Tag die Geburt des Kindes Jesus statt-fand, ist es, nachträglich gesehen, durchaus sinnvoll gewesen, dass das Christentum den alten Tag des neugeborenen Lichtkindes zum Tag der Geburt Jesu bestimmt hat. Hat Jesus nicht gesagt: »Ich bin das Licht der Welt«?

Aber eigentlich passt die Geschichte von Betlehem nicht so recht auf die früheren Bilder vom himmlischen Kind. Das Kind der Maria kam ja nicht in einem Mondschiff, sondern von armen Eltern dieser Erde. Wenn etwas feststeht, dann dies, dass es bedroht und keineswegs herrschend auf diese Welt kam. Der Stall und der Galgen waren der Rahmen seines Lebens, und einen solchen Rahmen erfindet man nicht, das ist die verlässliche Nachricht über seinen Lebensweg. Das ist alles andere als das strahlende Lichtkind der Mythen.

Und doch. Das wollten die sagen, die zuerst die Weihnachtsge-schichte erzählten: Dieses arme Kind der Dunkelheit ist der eigentli-che Lichtbringer gewesen. Das aller Gewalt ausgesetzte war das ei-gentlich königliche, das Kind der Mirjam aus Nazaret war das eigentlich göttliche Kind. Als es erwachsen war und zu den Menschen sprach, konnten sie es sehen, erkennen, hören und anfassen. Und so schreibt Johannes:

Mit eigenen Ohren hörten wir,
mit eigenen Augen sahen wir,
was von Anfang der Welt war.
Wir schauten es, wir berührten es
mit unseren eigenen Händen.
Das Wort, aus dem das Leben entstand.

Denn das Leben ist erschienen.
Wir haben es gesehen,
wir bezeugen es, wir verkünden es:
das uranfängliche Leben,
das beim Vater war und uns erschien.
1. Johannes 1

Und das haben die ersten Berichterstatter gesehen: In dem Menschen Jesus kam all das zu uns, von dem die alten Mythen reden. Die ganze tiefsinnige Bildersprache jener Geschichten vom Lichtkind ist in diesem Menschen erfüllt. Er ist es, von dem der alte Mythus redet. Und so wuchsen die alten Überlieferungen um das Kind von Betlehem her neu auf und hüllten es ein, so, als wüchse ein Rosenstrauch rund um die Krippe von Betlehem zusammen.

Und sie taten recht daran. Denn der alte Mythus redete ja nicht so sehr von dem, was am Himmel und seinem silbernen Schifflein geschah, sondern von dem, was sich dabei in den Herzen und Seelen der Menschen ereignen sollte. Als nun die Christen dasselbe sagen wollten, dass nämlich das Kind von Betlehem zu einem Lichtkind in den Menschen werden und in ihnen heranwachsen solle zu dem Christus in ihnen, da übernahmen sie die ganze Bilderwelt der früheren Zeiten und drückten damit das Neue aus, das ihnen erschienen war.

Denn was der alte Mythus wusste, das hatten sie auf sehr neue Weise erfahren: dass nämlich ein Zusammenhang bestehe zwischen dem Lichtkind, das am Himmel erschien, und dem innersten, verborgenen Kind in unserer eigenen Seele, das in uns lebt und leidet und das uns beglücken will und frei und lebendig machen. In uns soll nun, wie in jenem Kind von Betlehem, Gott selbst zur Welt kommen, wie es das berühmte Wort des Angelus Silesius ausdrückt:

Wär Christus tausendmal in Betlehem geboren
und nicht in dir, du bliebst doch ewiglich verloren.

Wenn ich heute Weihnachten erlebe, so ist es genau das 78. meines Lebens. Als Kind schaute ich in die Lichter, als Soldat, im Krieg, als junger Vater meiner Kinder, als Großvater schließlich. Immer wieder anders und doch immer gleich. Mit Lichterbaum, mit Sternen und Kerzen und Geschenken und Liedern. Manchmal wundere ich mich ein wenig, warum mir immer noch festlich dabei zumute ist. So neu und überraschend kann es ja nicht mehr sein, was da kommt und mich anrührt.

Aber mit jedem Jahr wird mir deutlicher, dass da etwas gemeint ist, was in mir selbst geschehen soll. Das Kind, das ich selbst einmal war, das sich durch ein langes Leben hin immer wieder meldet, ist ja wichtiger als ich früher gemeint hatte. Wenn man älter wird, fragt man sich immer öfter: Bin ich eigentlich noch der, der ich als Kind einmal war oder als der ich damals gemeint war? Bin ich ans Ziel meiner kindlichen Träume gekommen oder habe ich alles vergessen, überlärmt, überschuftet? Die Gefahr dabei wäre die, dass etwas sehr Kostbares in mir verloren ginge. Die Geschichte von Dino Buzzati über den Buchhalter Sisto Tarra redet mit schrecklicher Genauigkeit von dieser Gefahr.

Wenn es dunkelt

DINO BUZZATI

Der Buchhalter Sisto Tarra hatte genau an dem Tag, da er zum Geschäftsführer der Firma ernannt worden war, ein seltsames Erlebnis. Es war Sonntag, angenehm warmes Wetter mit wundervoller Sonne, und sein Geist bewegte sich in glücklichen Sphären. Das seit Jahren ersehnte Ziel war endlich erreicht, er konnte sich allen Ernstes als den eigentlichen Herrscher des Betriebes bezeichnen; aber mehr als die Beförderung selbst, als die finanziellen Vorteile, erfüllte es ihn mit Freude, die messerfeine diplomatische Arbeit triumphieren zu sehen, die er geleistet, um den Ruf seines Vorgängers Dr. Brozzi zu untergraben. Jahrelang hatte er ruhelos im Hinterhalt gelegen, um dessen kleinste Fehler zu entdecken, ihre Folgen zu vergrößern und sie den Vorgesetzten in die Augen springen zu lassen. Und darin war er um so geschickter vorgegangen, als er nach außen hin Brozzi immer verteidigt hatte, um sich das Gebaren eines großzügigen und loyalen Menschen zu geben.

30

Tarra wohnte allein in einem kleinen zweistöckigen Haus in einer Straße der Gartenstadt, draußen vor den Toren. Nachdem er zu Mittag gegessen hatte, setzte er sich in sein Studierstübchen und dachte eben darüber nach, wie er den freien Nachmittag verbringen solle, als er gerade über seinem Kopf, auf dem Dachboden, Schritte vernahm, die vermutlich von einem Menschen herrührten. Vielleicht hätte er an einem anderen, von Regen und Müdigkeit angefüllten Tag an Diebe gedacht, und sein Herz hätte sogar geklopft. Aber heute war die Heiterkeit in der Luft zu groß, die Sonne zu klar, die Aussicht in die Zukunft zu erfreulich. Immerhin wollte er sich die Sache einmal ansehen. Er stieg die Treppe hinauf, öffnete die Tür und betrat den verlassenen Bodenraum, wo durch die Ritzen zwischen den Dachziegeln ein ruhiges, verdünntes Licht einsickerte, blickte umher, sah einen Knaben vor einer Kiste stehen und darin herumsuchen.

»Also«, sagte sich Tarra ohne irgendwelche Erregung, »ein unbekannter diebischer Knirps.« Und er wollte gerade auf ihn zutreten, als der Junge den Kopf wandte, so dass ihre Blicke sich trafen. Sisto stand still, von Erstaunen festgenagelt: er kannte ja diesen Knaben, und ob er ihn kannte! Jener kaum vernarbte Riss über dem einen Auge: er wusste ja, dass er von einem Sturz im Garten stammte. Jener blaue Kinderanzug, der Gürtel aus leuchtendem Leder, oh er konnte sich gut daran erinnern! Und er war noch im Nachsinnen, wo er diese Dinge wohl je gesehen habe, als er plötzlich begriff: der Unbekannte war er selbst. Sisto Tarra, als Kind. Tatsächlich er, Sisto, im Alter von elf, zwölf Jahren.

Zuerst war es nur ein leichter Verdacht gewesen, so sinnwidrig, dass man hätte darüber lachen können. Dann, als der Knabe sich gegen ihn umgewandt, erkannte Tarra ihn genau, ein Traum war ausgeschlossen, er war es wirklich selbst, Sisto, als Kind.

Schweigen herrschte, und man hörte nur den Atem Sistos, die Stimme eines auf dem Dach umherhüpfenden Sperlings, das Geräusch eines entfernten Autos, während sich von den Ritzen zwischen den Dachziegeln und von den kleinen Luftlöchern ein gelbliches Licht verbreitete: über die alten, in den Winkeln aufgehäuften Bücher, über die zerbrochenen Spiegel, die zerlegten Bettstellen, die leeren Bilderrahmen, das Gerümpel einer ganzen Familie.

Doch indessen hatte der Buchhalter Sisto Tarra die volle Herrschaft über sich selbst zurückgewonnen, die er auch sonst immer so stolz zur Schau stellte, und er fragte mit kalter Stimme (obwohl er es in seinem Herzen genau wusste): »Wer bist du? Wie bist du hier hereingekommen?« »Die Spielsachen!«, antwortete der Junge ausweichend mit der müden und feinen Stimme eines Kranken. »In dieser Kiste hier müssen die Spielsachen sein.«

»Die Spielsachen? Hier gibt es keine Spielsachen!«, sagte Tarra und fühlte sich zusehends freier, da er die interessante Seite dieses Gesprächs zu schätzen begann, zumal der Knabe ihn nicht erkannt hatte, was ihm, Sisto, einen entschiedenen Vorteil gab; außerdem genoss er schon im Voraus den Augenblick, wo er, Tarra, sich zu erkennen geben und das Kind dann vor Staunen überwältigt stehen werde bei der Entdeckung, wie groß, reich und angesehen es geworden sei.

Aber der Knabe beharrte: »Und es sind noch welche da! In diese Kiste hat man sie getan.«

Fünfunddreißig Jahre, dachte Tarra indessen, und welch ein Weg war das gewesen! Er hatte sein Leben wirklich gut angelegt. Was für ein Abgrund trennte jenen törichten und verängstigten Knaben von ihm, dem Buchführer Tarra, der, fest eingepflanzt in der Welt, geachtet und gefürchtet, ohne mit der Wimper zu zucken, Millionengeschäfte abwickelte. Welch ein großartiges Geschenk wird das für den Buben sein, dachte er, wenn er, bald schon, von seiner eigenen erfolgreichen Laufbahn hören wird.

Das Kind starrte ihn inzwischen weiter mit misstrauischem Staunen an, es schien sich um die Spielsachen nicht mehr zu kümmern.

»Und Sisto?«, fragte es stattdessen, immer in diesem kranken Ton. »Wo ist Sisto jetzt? Wohnt er noch hier? Kennst du ihn?«

»Und ob ich ihn kenne«, sagte Tarra, über seinen eigenen Scherz lächelnd. »Wir wohnen zusammen, und das seit vielen Jahren!« »Und wie geht es ihm? Was macht er jetzt?« »Oh, er ist eine bedeutende Persönlichkeit geworden, der Sisto«, und das Lächeln wurde immer breiter. »Eine bedeutende…?«, fragte der Knabe, und sein Gesicht erhellte sich. »Was macht er denn? Ist er General geworden?« »General? Warum gerade General? Würde es dir Spaß machen, wenn er sich dann und wann wie ein General betätigte?« Was sind das für dumme Ideale! dachte er dabei, man sieht wirklich, dass er noch ein kleiner Trottel ist. »Bestimmt würde mir das Spaß machen!«, antwortete der Junge. »Nun gut«, fuhr Sisto fort, indem er die Stimme erkalten ließ, »er ist kein General, aber er hat trotzdem seinen Weg gemacht« »Dann ist er ein Forscher?« Was für ein Blödsinn! dachte Sisto wieder und fragte sich, ob es nicht besser sei, die Unterhaltung abzubrechen, aber der Wunsch, bewundert zu werden, hielt ihn fest.

»Nein, er ist auch kein Forscher«, sagte er, »die existieren nur noch in Büchern. Aber es gibt wichtigere Dinge auf der Welt.«

»Also, was ist er dann? Ist er vielleicht Minister?«

Das klingt schon besser, dachte Tarra, da er den Knaben auf weniger kindische Ziele zusteuern sah. Und er antwortete: »Nun, ein Minister ist er, genau genommen, nicht. Aber er hat eine hervorragende Stellung. Du kannst schon mit ihm zufrieden sein.«

Das Kind sah ihn vertrauensvoll an in der Hoffnung auf eine Erklärung. Man hörte einige Spatzen auf dem Dach schimpfen, eine Frauenstimme unten auf der Straße, einen einzelnen Glockenschlag irgendwoher.

»Er ist Geschäftsführer«, sagte Tarra endlich und ließ das Wort auf der Zunge zergehen. »Geschäftsführer der Firma Troll, des ersten Speditionshauses von Italien.« Der Knabe schien nicht zu begreifen. »Geschäftsführer«: das sagte ihm nicht viel. Seine Augen forschten noch fragend in denen Tarras, aber sie leuchteten wohl ein wenig schwächer, durch einen feinen Enttäuschungsschleier hindurch. »Was bedeutet das?«, fragte er. »Zählt er etwa die Rechnungen?« »Auch das«, gab Tarra zu, gereizt durch dieses geringe Verständnis. »Im Grunde ist er einer der führenden Männer.«

»Dann ist er also reich, nicht wahr?« – Dieser Gesichtspunkt schien dem Kind zu gefallen.

»Es steht nicht schlecht, es steht wirklich nicht schlecht damit«, antwortete Sisto und ließ das Lächeln von früher wieder aufblühen. »Man kann jedenfalls nicht klagen.« »Oha, die schönen Pferde!« »Pferde?« »Ich meine, dass er dann jetzt schöne Pferde haben wird.«

Der Buchführer schüttelte den Kopf, als ob die Dummheit dieses Burschen ihn völlig entmutigte. Und er sagte, nur um nicht hart zu erscheinen: »O nein, heutzutage benutzt man keine Pferde mehr.«

Ein neuer Gedanke kam dem Knaben; er ließ die Pferde beiseite und fragte: »Aber sag mir: Wie ist denn Sisto jetzt? Wie sieht er aus?«

»Oh, der ist groß geworden«, entgegnete Tarra und fühlte immer mehr Hochachtung vor sich selbst über so viel Geistesgegenwart. »So groß wie ich ungefähr.« »Aber ist er schön? Sag, ist er schön?« »Schön? Das weiß ich nicht. Bei Männern kommt es auf die Schönheit nicht an. Manche Leute sagen freilich, er sei ein sehr gut aussehender Mann.« »Und trägt er einen Bart?« »Einen Bart, nein. Aber einen Schnurrbart, etwa so einen wie ich. Er sei ein englischer Typ, sagt man.«

Das Licht, das von den Ritzen zwischen den Ziegeln und von den halbmondförmigen Luftlöchern in den Bodenraum drang und erst gelblich geschienen hatte, wurde plötzlich grau. Eine Wolke musste sich am Himmel aufgehäuft haben, so dass die Sonne dahinter verschwunden war.

»Und die Gebete?«, fragte auf einmal das Kind. »Sagt er sie abends immer, seine Gebete?« Schon wieder diese Albernheiten, dachte Tarra gereizt; war es wirklich möglich, dass er selbst jener kleine Junge gewesen war, wenn auch vor fünfunddreißig Jahren? War es möglich, dass er sich so sehr von ihm unterschied? Es schien ihm unsinnig, eigentlich beschämend, aus diesem Knaben hervorgewachsen zu sein.

»Jetzt nicht mehr, mein Lieber«, entgegnete er in einem Ton fast zorniger Herausforderung. Warum willst du, dass er Gebete hersagt? Von einem gewissen Alter an tut das niemand mehr. Nur die Frauen …« »Aber er kennt sie noch, nicht? Er kann sie noch auswendig?«

»Ich weiß nicht einmal das genau – man müsste ihn fragen. Aber das ist schwierig.« »Und wenn er sie einmal nötig braucht? Was macht er, wenn er sie nötig braucht?«

»Gebete brauchen? Warum sollte er die jemals brauchen?«

Der Kleine sah ihn erschrocken an, als sei er zu Unrecht gescholten worden. »Und die Kinder?«, fragte er. »Leben seine Kinder auch hier?« »Sisto hat keine Kinder«, sagte der Buchführer Tarra trocken. »Wer hat dir in den Kopf gesetzt, er habe welche?«

»Gar keine Kinder? Nicht einmal eins?«

»Aber nein, natürlich nicht, er ist gar nicht verheiratet, der Sisto!«

Jetzt hörte man ein neues Geräusch, eine Art dumpfes Winseln, das in Wellen auf und ab über die Dachziegel strich; die Stimme des Windes. Der Bodenraum hatte sich rasch verdüstert, und eine Wolke vor der Sonne genügte dafür als Erklärung nicht mehr, so schwer und schwarz sie auch sein mochte; man musste einsehen, dass im schnellen Schwinden des Abends, unerwartet, da der gewöhnliche Stundengang sich beschleunigte wie nie zuvor, die Nacht sich nahte.

Jetzt trat der Knabe einen schüchternen Schritt vor, deutete mit dem Zeigefinger auf den Mann, und seine Stimme wurde noch feiner »Du bist es, nicht?«, fragte er bang. »Sag die Wahrheit, du bist Sisto?« Also hatte das Kind endlich begriffen, es hatte erkannt, dass jener Herr nahe an die Fünfzig nicht irgendein Mensch sei, sondern wirklich er selbst, so wie er von den Jahren verwandelt worden war. Die Stimme des Kindes zitterte, aus irgendeinem besonderen Grund.

Die Knabenstimme zitterte, der Buchführer Tarra hingegen lächelte und reckte sich, um so eindrucksvoll wie möglich zu erscheinen. »Ich selbst, in Person«, versicherte er. »Hattest du das noch nicht begriffen?« »…noch nicht begriffen?…« antwortete mechanisch wie ein Echo der Knabe, ohne den Klang der Worte zu hören, die Pupillen im Halbdunkel geweitet.

»Du bist doch zufrieden, nicht wahr? Komm, sag es mir. Du bist mit dem Ergebnis doch zufrieden?«

Aber warum lächelte der dumme Junge jetzt nicht einmal? Warum lief er ihm nicht festlich gestimmt entgegen? Vielleicht hatte er immer noch nicht recht verstanden? Oder argwöhnte er einen Scherz und blieb wachsam aus Furcht vor Enttäuschungen?

Nein, das Kind hatte sehr gut verstanden und betrachtete Sisto mit einem brennenden und bitteren Ausdruck, als ob es ein großes Geschenk erwartet und ein elendes Ding bekommen habe. Mit unsicheren Schritten näherte es sich quer durch den düsteren Bodenraum jenem Mann, den es lieber nicht gekannt hätte, starrte auf das magere Gesicht, die kalten Fischaugen, die dünnen, harten Lippen, die Schlipsnadel, die einen Löwenkopf darstellte, den untadeligen dunklen Anzug und berührte einen Zipfel davon mit seiner Hand.

»Sieh einmal, was für eine schöne Uhr«, sagte Sisto Tarra, um des Kindes Vertrauen zu gewinnen, und zog die Präzisionsuhr hervor. »Ich habe sie in der Schweiz gekauft, es ist ein Läutewerk darin.«

Er drückte auf ein Knöpfchen, und man hörte in der Stille feine, metallische Schläge widerhallen. Eins, zwei, drei, vier, fünf, sechs. Sechs Uhr abends, war das möglich? Eine dunkle Erregung drängte sich in Tarras Brust. Es schien ihm, als habe die Begegnung mit dem Knaben nicht mehr als zehn Minuten gedauert, aber die Uhr und die wachsende Dunkelheit bezeugten das Heraufkommen der Nacht. Die Sonne hatte ihren Weg wie aus Hass gegen ihn, Sisto, in größter Hast durcheilt. Als das zarte Geläut verstummt war, hörte man den Wind draußen an den Wänden entlangklagen.

»Wie schön«, murmelte der Junge ohne Überzeugung, indem er die Uhr betrachtete. »Aber zeig mir doch mal deine Hände!«

Und er nahm mit seiner Hand die Rechte des Buchführers Tarra, zog sie näher zu sich, um sie gut sehen zu können, besah sie zaghaft.

Und er schien wahrlich nicht zu glauben, eine tieftraurige Angelegenheit, dass diese behaarte, massige Hand, von Runzeln durchfurcht, mit hervortretenden Knöcheln und dicken, gelblichen Nägeln, dass sie einmal so klein, zart und weiß gewesen sein sollte wie die eines Kindes.

»Und was hast du an dem Auge da?«, fragte der Knabe weiter und hob den Blick zu Tarras Gesicht auf. Wirklich hing Sistos rechtes Augenlid seit ein paar Jahren infolge einer rheumatischen Gesichtslähmung herab, was ihm einen etwas zweideutigen Ausdruck gab.

»Doch! Warum hältst du es geschlossen?«, beharrte der Knabe, da der andere nicht antwortete.

»Ach nichts, ich sehe großartig damit«, knurrte der Buchhalter Tarra, der eine traurige Wut in sich aufsteigen spürte. Was für eine Dunkelheit auf dem Dachboden! Und von draußen drang auch kein Laut mehr herein. In den äußeren Ecken, wo der Giebel sich schräg in den Fußboden senkte, häuften sich dichte Schatten.

Warum zum Teufel bin ich hier nur heraufgestiegen?, sagte sich Tarra. Und warum sieht dieser unangenehme kleine Bursche mich immer so an? Was habe ich denn schließlich mit ihm gemein? Der Knabe verabscheute ihn, das konnte man deutlich merken.

»Du hast dir mich anders vorgestellt, was?«, sagte Sisto im wachsenden Dunkel mit rauer und feindseliger Stimme.

»Ich weiß nicht … weiß nicht …«, stotterte das Kind, verängstigt, zurückweichend. Weiter sagte es nichts mehr, aber man spürte trotzdem seine Enttäuschung.

»Was hattest du dir eigentlich in den Kopf gesetzt? Was dachtest du, sei ich geworden? Wolltest du mich in Generalsuniform sehen? Oder mit der Mitra des Bischofs?«, wetterte er los, obwohl er sich noch immer etwas zu zügeln suchte. »Du könntest dem Himmel danken, scheint mir. Bist du befriedigt, was? Meine Hände gefallen dir nicht, was?« Jetzt genoss er die Lust, Angst einzuflößen, den vorlauten Knaben zu schrecken. Aber der andere war schnell zurückgewichen, und man konnte ihn fast nicht mehr wahrnehmen, so dunkel war es.

»Sisto!« Zum ersten Male sprach der Buchhalter den eigenen Namen aus, der unangenehm und traurig widerhallte. »Sisto, wo bist du?… Ich muss dir die Briefmarken zeigen, ich habe eine herrliche Sammlung«, fügte er in süßlichem Ton hinzu, damit der Knabe nicht zu fliehen versuche.

Er durcheilte den Bodenraum, wobei er Acht geben musste, nicht gegen die Tragbalken zu stoßen, und am Ende angelangt, beugte er sich nieder, um die finsteren Winkel abzusuchen, blickte sich um, und seine Erregung wuchs, der Knabe war verschwunden.

»Sisto, Sisto!«, ließ er sich wieder vernehmen, flüsternd, da der Klang der eigenen Stimme ihn zu peinigen begann. Aber niemand gab Antwort. Das Ebenbild von einst hatte sich in Schatten aufgelöst, und auf dem Dachboden blieb gar nichts anderes als der Buchhalter Sisto Tarra, siebenundvierzig Jahre alt, von unruhigen Gedanken befallen. Allein, auf dem leeren Dachboden. Die Nacht hatte ihn so plötzlich überrascht, wie er es nie für möglich gehalten hätte. Er dachte angestrengt an seine Laufbahn, an die Beförderung, an die neue Stellung, doch all das sagte ihm nichts mehr. Vergebens suchte er die frühere Zufriedenheit wieder zu finden. »Oha, die schönen Pferde, die schönen Pferde… Nicht einmal eins,… nicht einmal eins…«, hörte er die Stimme des Kindes rings aus den schwarzen Ecken flüstern. Er dachte daran, dass es draußen schon Nacht geworden war, dass draußen das Dasein der Menschen weiterlief, das Dasein von vieltausend Geschöpfen, die dem Leben verhaftet waren und keine Ahnung hatten, wer Sisto Tarra sei; Männer und Frauen, über die Erde verstreut, die gemeinsam arbeiteten und litten, in Massen zusammengewürfelt, von den Städten verschlungen, mittelmäßig oder vielleicht gar verworfen, aber nicht allein.

Nicht so allein wie er, der das Leben immer gering geschätzt und es sich Schritt für Schritt entfremdet, indessen er so getan hatte, als könne er alles allein bewältigen. Und es begann sich in ihm der Zweifel zu bilden, ein winziger Schimmer, er könne sich vollständig geirrt haben, es möchte auf der Welt vielleicht noch andere Dinge geben als die Stellung im Geschäft, die Steuerlisten, die Gehälter, die G.m.b.H. Troll; Dinge, die er eines fernen, vergangenen Tages durch alles dies hindurch auch erblickt hatte. Dummheiten natürlich, Phantasien ohne Zweck, die er dann hatte dahinschwinden lassen in der gierigen Mühsal des Alltags.

Zuerst war es nur ein fern liegender, schwacher Zweifel, dann aber packte ihn plötzliches Verlangen wie ein heißer Durst: umkehren können, noch einmal jener Knabe werden, alles neu von vorne beginnen, alles anders einrichten, als es geschehen war; den Beruf, die Freunde, das Haus, sogar die Kleider, sogar das Gesicht. Und es war schrecklich, dass es nun zu spät sein mochte, dass die Dunkelheit ihn überrascht hatte und es kein Heilmittel mehr geben werde.

Im letzten Licht der Dämmerung, darüber die Schleier der Nacht sich langsam senkten, suchte der Buchhalter Sisto Tarra, vorsichtig tastend, damit er nicht an die Querbalken stoße, die Tür, um zu entkommen. Dummheiten, Dummheiten, murmelte er mit Nachdruck vor sich hin, um sich in die gesicherte und angenehme Wirklichkeit des Lebens zurückzurufen; aber das genügte nicht. Er hörte feine, leichte Schläge auf die Dachziegel niederklopfen, immer dichter werdend, ein gleichmäßiges ruhiges Geräusch; die Wolken mussten den Himmel angefüllt haben, und der Regen fiel.

Aber das eben meint die Weihnachtsgeschichte. Es muss nicht das Letzte sein, dass der Regen fällt und ein verzweifelter Mensch, der zu spät verstanden hat, die Treppe hinuntergeht in ein von da an sinnloses Weiterleben. Sie will sagen: Es kann in dir noch etwas Neues beginnen. In dir kann und will ein neuer Mensch hervorgehen: der Mensch, von dem das Evangelium spricht. Du bist nicht festgelegt auf das, was du jetzt bist. Niemand ist es. Alles ist voll neuer Anfänge, wenn du sie geschehen lässt. Schuld muss nicht bleiben. Streit kann beendet werden. Güte kann einkehren, Helligkeit, Wahrheit. Christus selbst kann in dem Kind in dir seine Gestalt finden. Es kann also etwas in dir wachsen, das die Ewigkeit in sich hat. Den Menschen, der du gewesen bist, kannst du am Ende im Frieden zurücklassen. Der neue Mensch in dir, der von Gott erweckte, wird weitergehen in ein anderes Land.

Als wir damals, vor mehr als fünfzig Jahren, in unserem Spiel Engel darstellten, bestanden die Engel aus handfesten und sehr unsicheren jungen Männern und jungen Frauen, die wenig Himmlisches an sich hatten. Aber sie waren Engel, das heißt Sendboten, die etwas zu sagen hatten. Sie mussten nicht so schön sein wie der Engel von der Verkündigungstafel des Rogier van der Weyden aus dem 15. Jahrhundert. Sie mussten nicht so elegant in das Zimmer der Maria eintreten wie er. Und doch: Es war ein Spiel, in dem es in einer Weise, von der wir damals nichts ahnten, um unsere eigene Seele ging.

> Der Engel Gabriel wurde von Gott gesandt
> in eine Stadt in Galiläa, die heißt Nazaret, zu einer junge Frau,
> die einem Mann mit Namen Josef vertraut war.
> Die hieß Maria.

Der Engel erschien ihr und redete sie an:
»Gegrüßet seist du, Hochbegnadete,
der Herr ist mit dir.«
Sie aber erschrak und dachte:
»Was für ein Gruß ist das?«
Der Engel fuhr fort:
»Fürchte dich nicht, Maria!
Gott ist dir freundlich,
seine Liebe gehört dir.
Du wirst schwanger werden
und einen Sohn gebären,
den sollst du Jesus heißen.
Er wird Vollmacht haben von Gott,
und man wird ihn den ›Sohn Gottes‹ nennen.«

Da antwortete Maria:
»Wie kann das geschehen?
Ich bin mit keinem Mann zusammen gewesen!«
Der Engel antwortete:
»Heiliger Geist wird über dich kommen,
und die schaffende Kraft des Höchsten
wird dich überschatten.«
Da sprach Maria: »Ja!
Ich bin die Magd Gottes! Ich bin bereit.«
Und der Engel schied von ihr.
Lukas 1

Wir werden uns leicht darüber einigen können, dass dies nicht ein Dokumentarbericht über einen Vorgang ist, den man, wäre man damals in der Nähe gewesen, hätte fotografieren können. Es ist eine deutende Rede. Es ist alles voll von Symbolen und alles hat seinen hintergründigen Sinn.

Auch stellen wir uns einen Engel nicht vor wie diesen prachtvollen, ritterlich oder höfisch gewandeten Boten. Natürlich nicht. Aber für den Maler sind dieser Aufwand und diese Schönheit ein Mittel, von einer äußeren Szene wegzulenken auf ein Ereignis in einem Menschen und auf die Würde, die dieser Mensch dabei empfängt.

Maria hat ohne Zweifel nicht in einem so schönen Raum gelebt, sondern in einer Lehmhütte oder einer der Höhlen an den Hängen von

Nazaret. Aber diese schönen Räume zeigen nach dem Willen jener Maler die Seele eines Menschen, der offen ist für ein Wort, das in ihn eintreten soll.

Auf Gemälden des Mittelalters bringt der Engel eine Gewalt mit sich, der die hörende Maria nichts entgegenzusetzen hat. Wie ein Sturm kommt ein übermächtiges Himmelswesen über sie. Noch in Grünewalds Verkündigung auf dem Isenheimer Altar tritt einer einfachen, menschlichen Maria ein ungeheurer Engel, ein wahrhaft überweltlicher Bote Gottes entgegen, der den Wind des Weltraums im Gewand und in den Flügeln mitbringt.

Umgekehrt gab uns die italienische Renaissance Verkündigungsszenen, auf denen eine Fürstin auf dem Thron im Foyer eines Palastes sitzend die Huldigung eines tief unter ihr in höfischer Ergebenheit knienden Engels entgegennimmt. Hier, bei van der Weyden, tritt der Engel Maria wie ihr Bruder entgegen, schön wie sie selbst, liebevoll und voll Hoheit. Es ist die ekstatische Stunde, in der ein hörender Mensch sein Schicksal begreift und in der er sein Ja spricht.

Wer kann wirklich ermessen, was das heißt: Heiliger Geist über einem Menschen? Ein Mensch, der sich dem Geist überlässt? Wer ermisst die Würde, von Gott angeredet und zu einem Dasein zwischen Erde und Himmel ausersehen zu sein? Wer unter uns erwartet, ihm könnte dies widerfahren, dass ein Anruf von Gott wie ein Sturm über ihn kommt und dass er sich ihm, ohne nach Sicherheit und Halt zu verlangen, überlässt, wohin immer er ihn tragen wird?

Uns heutigen Menschen fehlt für eine Erfahrung, die uns von Gott her unmittelbar treffen könnte, der Mut. Wir fürchten uns vor der Täuschung. Aber darum erleben wir wohl auch die wirkliche Ekstase nicht mehr, den seltsamen Zustand zwischen Verwirrung und unglaublicher Klarheit, in dem wir von Gott so völlig ausgefüllt werden, dass wir unfähig sind, noch Eigenes zu denken oder zu sagen, und nur noch ein Instrument sein können, auf dem Gott selbst die Antwort hervorbringt, das hingerissene Ja.

Vielleicht – nein, sicher – nimmt unter uns heutigen Menschen die Schwermut deshalb so schrecklich überhand, weil wir uns davor fürchten, uns einem Aufruf zu überlassen, der uns hinaufreißen will über uns selbst. Denn vielleicht – oder sicher – wird nur der seiner selbst gewiss und seines Auftrags inne, der einmal im Leben wenigstens sich selbst verlassen hat, um in der Überwältigung ein ganzes, ein vollkommenes Ja zu sagen.

Rogier van der Weyden, Verkündigung an Maria

Ich denke mir, es müsse eigentlich das Ende von Traurigkeit, von Resignation und Depression sein, wenn wir das glauben könnten. Und es könnte in uns geschehen, was Psalm 131 sagt:

Ich habe mein Herz still gemacht,
und Friede ist in meiner Seele.
Wie ein gestilltes Kind,
das bei seiner Mutter schläft,
wie ein gesättigtes Kind,
so ist meine Seele still in mir.

Wir sind uns alle darüber einig, dass von den Christen, zumal an Weihnachten, etwas von Nähe, von Frieden und Zuversicht ausgehen muss auf die Unglücklichen dieser Erde. Aber der Anfang des Friedens und der Dankbarkeit muss in uns selbst geschehen. Anders wird kein Mensch, der uns begegnet, den Sinn dieses Festes begreifen.

Henry I. M. Nouwen schreibt, nachdem er einige Monate in einem Trappistenkloster gelebt hatte, in sein Tagebuch:

Es ist für mich unmöglich, künftig zu leben,
ohne mich an den Schimmer der Güte Gottes zu erinnern,
der mir in meiner Einsamkeit aufgegangen ist;
an den Lichtstrahl,
der in meine Dunkelheit gedrungen ist;
an die zarte Stimme,
die in mein Schweigen hinein gesprochen hat;
an die sanfte Brise,
die mich in meinen stillsten Stunden angerührt hat.

Und der französische Dichter und Philosoph Gabriel Marcel notiert in seinem Tagebuch:

28. Februar 1929. Das Dunkle der Außenwelt ist Folge meiner eigenen Dunkelheit …
5. März. Ich zweifle nicht mehr. Wunderbares Glück heute morgen. Ich habe zum erstenmal ganz klar Gnade erlebt. Diese Worte sind erschütternd, aber es ist so. Ich war überwältigt, und ich bin

darin untergetaucht. Stammeln … Es ist wie eine Geburt. Alles ist neu. Ein völlig neues Bild erhebt sich. Das Bild einer Welt, die schon da war und die jetzt endlich herannaht.

7. MÄRZ. Das Licht, das durchbrach, war für mich die Ausstrahlung jenes Lichtes, welches das Einzige ist. Fülle der Freude. – Ich habe gerade Brahms gespielt. Wie soll man dieses Gefühl der Überwältigung, der absoluten Geborgenheit zurückhalten!

8. März. Die Wirklichkeit ist als Mysterium und nur als Mysterium verstehbar. Ebenso auch ich selbst.

21. MÄRZ. Ich habe eine schlimme und dunkle Zeit hinter mir. Einen Weg, der mit Hindernissen besät war.

23. MÄRZ. Heute morgen bin ich in einer inneren Stimmung getauft worden, die ich kaum zu erhoffen wagte: Keinerlei Aufregung, aber ein Gefühl des Friedens, der Ausgeglichenheit, der Hoffnung und des Glaubens. Schwindelerregende Nähe Gottes. Zurück zum Hier und Jetzt, das einen Wert ohnegleichen erlangt.

12. APRIL. Das Wunder des Christentums erscheint mir augenblicklich als absoluter Verjüngungspunkt – und vielleicht als ewige und ständige Quelle jeder möglichen Verjüngung.

Van der Weyden zeigt die Verkündigung der Maria in einem festlich schönen und geordneten Raum. Aber die Geburt des angekündigten Kindes wird in einem Stall stattfinden. Der »Stall« ist für eine wach gewordene Seele nichts Schmutziges oder Minderwertiges, sondern die Urheimat der Tiere, die das Leben der Menschen teilen. Er ist das Symbol für das Innerste im Menschen, in dem er Tier und Mensch zugleich ist, Leib und Seele, Vitalität und Geist. Wir tragen nicht einen Palast in uns, in dem alles glänzte, auch nicht eine bürgerliche Wohnung, in der alles geordnet wäre, sondern einen Stall, die Urheimat aller dunklen und aller lebendigen Kräfte. Und was dort geschehen soll, dass zeigt sich nicht so sehr in einer neuen Ordnung und Wohnlichkeit, sondern vor allem in einer neuen und kaum kontrollierbaren Lebendigkeit. Es entsteht nicht, was wir Heutigen so gerne hätten, ein neues Bewusstsein, sondern unser Bewusstsein gewinnt eine neue, starke Basis tief im Unbewussten unserer Seele. Mein Bewusstsein braucht sich also nicht, als sei es nun erwachsen geworden, gegen die Tiefe unter ihm abzugrenzen, braucht sie nicht zu bekämpfen, nicht zu disqualifizieren, sondern kann sich mit seinen unbewussten Kräften versöhnen und durch sie lebendig werden. Aber erst, wenn ich erfahre, wie da etwas Neues in mir entstehen und wachsen will, werde ich zur wirklichen Liebe frei werden. Erst so werde ich meinen Träumen Lebewohl sagen und meinem wirklichen Schicksal vertrauen. Erst so werde ich mich nach meinem mir vorgezeichneten Ziel ausstrecken können. Ich werde stehen und widerstehen. Ich werde die Heiterkeit gewinnen, die zu danken und zu preisen vermag.

Und ich kann dann mitsingen, wenn Maria ihren Lobgesang anstimmt:

> Meine Seele preist Gott, meinen Herrn,
> mein Geist ist glücklich über den Gott,
> der mich erlöst hat.
> LUKAS 1,46-47

Oder ich kann hören, was Hildegard von Bingen gesagt hat:

> Ihr Menschenkinder, die ihr geboren wurdet und heranwachst,
> hört, was ich, das strahlende Licht und euer Schöpfer, sage:
> Ihr seid in mein Herz gepflanzt
> beim Anbruch des ersten Schöpfungstages!

Aber welcher Art ist das Kind, das in uns entstehen soll?

»Im Anfang«, so lesen wir in der von Hildegard gemeinten Geschichte von der Erschaffung der Welt, »schuf Gott Himmel und Erde. Und er schuf den Menschen ihn zum Bilde, zu seinem eigenen Bild schuf er ihn, und zwar als Mann und als Frau.« Wir hören dieses berühmte Wort, und es bleibt uns fremd und rätselhaft angesichts von all dem, was wir vom Menschen wissen, von anderen und von uns selbst. Was ist denn an uns »Bild Gottes«? Aber die Bibel sagt es einfach und klar: Du, Mensch, sollst etwas von Gottes Wesen an dir tragen. Du sollst ihn spiegeln. Das ist deine Bestimmung. Das ist deine geheime, verborgene Würde, die dich unersetzlich macht. Du bist »in Gottes Herz gepflanzt«, um mit Hildegard zu sprechen. Du bist geliebt. Du bist von unendlichem Wert. Du bist geführt. Wer geführt ist, ist nicht ohne den zu verstehen, der ihn führt.

Aber wie mag das Kind in uns aussehen? Drauf antwortet Fra Angelico mit seinem Bild des Jesuskindes. Wer tritt uns da entgegen?

44

Fra Angelico, Jesuskind, Ausschnitt, St. Markus, Florenz

Zunächst Gott selbst. Das Kind trägt, leicht und sicher, die Weltkugel, das All auf der Hand. Aber der Kreis um das Köpfchen des Kindes, der seine Würde anzeigt, ist größer als die Welt. Und wenn wir das Gesicht betrachten – es spricht zugleich von einer hohen Bewusstheit und einer großen Freundlichkeit. Es begegnet uns und weist uns mit erhobener Hand unseren Weg, uns zugleich segnend.

Aber es ist auch und vor allem das Kind, in dem alles seine innere Einheit findet: Gott und Mensch, Christus und die Seele. Der Mensch in seiner Anfangsgestalt als Bild Gottes. Und der Mensch in seiner Zielgestalt wiederum als Gottes Bild.

Und all dies will sagen: Gott, der die Welt schafft und vollendet, ist in ihr auf seine verborgene Weise offenbar. Wenn die Bedingungen, unter denen wir leben, absurd werden oder tödlich, wenn auch Sinndeutungen zerbrechen und Sinntraditionen verloren gehen, bleibt er der Sinn, der in dem Kind von Betlehem aufleuchtet.

Paracelsus sagt in diesem Zusammenhang:

Es leuchtet in uns nämlich dunkel das Leben
als ein Licht der Menschen, gleichsam in der Finsternis.
Dieses Licht ist uns nicht zu nehmen,
obschon es zwar in uns, aber doch nicht von uns ist,
sondern von jenem herkommt, der sich gewürdigt hat,
sogar in uns seine Wohnstätte aufzuschlagen.

Er hat sein Licht in uns aufleuchten lassen,
damit wir in seinem Lichte, dem unzugänglichen,
das Licht sähen.
So sind wir ihm in Wahrheit ähnlich gemacht,
weil er uns einen Funken seines Lichts gegeben hat.
Die Wahrheit ist also nicht in uns zu suchen,
sondern in dem Bilde Gottes, das sich in uns befindet.

Raum in der Herberge 3

☆☆☆☆☆☆☆☆☆☆☆☆☆☆☆☆☆☆☆☆☆☆☆☆☆☆☆☆☆

D<small>AS JUNGE</small> P<small>AAR</small>, so berichtet die Weihnachtsgeschichte, langt in Betlehem an, sieht den Ort überfüllt mit Menschen und Tieren, geht von Herberge zu Herberge und findet nirgends Raum. Schließlich wird den beiden ein Stall zur Unterkunft angewiesen oder auch eine der vielen Höhlen, die als Viehställe dienten. In unserem Weihnachtsspiel stellte sich ein Herbergswirt breit vor sein Haus und fuhr sie an:

> Geht! Schert euch weg von meiner Tür!
> Macht weiter mir kein Unruh hier!

Er stand für den Menschen, der sein Herz verriegelt, um seine eigene Behausung zu schützen. Freilich, manche Maler des deutschen Mittelalters und auch spätere schildern einen ungemein wohnlichen, mit warmem Stroh und zutraulichen Tieren gefüllten Raum. So auch Rembrandt.

Aus der Einsamkeit nach Saskias Tod – Rembrandt war vierzig Jahre alt – stammt das Bild von der heiligen Familie. Die Szene spielt unter dem Gebälk einer Scheuer, im Stroh, unter dem Dach eines Viehstalls. Kühe zeichnen sich im Hintergrund ab. Hühner sitzen auf dem oberen Boden und auf einer Stange. Unter einer Leiter sitzt Maria, einen handfesten Josef neben sich, ihrem Kind zugewandt. Eine einfache Bäuerin.

Aus dem dunklen Hintergrund treten, von links her, ein paar Männer. Drei knien vor dem Kind, ein vierter kauert links von ihnen am Boden. Zwei stehen, offenbar frierend und in ihre Mäntel gewickelt. Hinter ihnen drängen sich noch einige mehr durch den Eingang. Es sind schlichte Menschen in freundlicher Zuwendung, und die

Kulisse, in der sie auftreten, ist ein warm durchleuchteter Raum. Behagliches Braun bestimmt das Bild, nur ein wenig Rot am Kopfbund des Stehenden, am Umhang der Maria und an der Mütze, die einer der Knienden zwischen den Händen hält, hebt sich heraus. Wie um die Abgeschlossenheit, in der sich alles abspielt, zu zeigen, schließt ein runder Halbbogen die Szene nach oben ab.

Es ist der Augenblick, von dem gesagt ist, die Hirten hätten »das Wort ausgebreitet«, das heißt erzählt, was der Engel zu ihnen über dieses Kind gesagt hatte. Der Mann im Vordergrund, dessen Rücken uns zugewandt ist, breitet seine Arme aus, erzählend, was der Engel draußen »auf dem Felde bei den Hürden« gesagt habe. Das Wort der Hirten ist das eigentliche Geschehen im Raum. Die anderen hören und verharren im Schweigen. Maria aber »behält alle diese Worte und bewegt sie in ihrem Herzen«.

Aber woher kommt das Licht? Es scheint alles sehr einfach zu sein. Die Lichtquelle ist das Kind. Oder nein: Es ist nicht das Kind. Es ist eine kleine Lampe, die Josef in der Hand hält. Ihr Licht fällt auf das Kind. Nun tritt die Lampe zurück und das Kind wird zur eigentlichen Quelle des Lichts.

Das Licht kommt nicht von oben. Es glüht aus der Tiefe herauf wie eine Seerose, die auf einem dunklen Wasser ruht. Von unten, aus dem Geheimnis des Kindes, in dem Gott ist, kommt das Licht. Das Licht hat sich endgültig mit der Dunkelheit verbunden. Und in dieser Verbindung zwischen dem Licht und dem Dunkel der Erde werden die Menschen durchscheinend. Es entsteht eine Art Seelenraum, und in diesem Raum kommt das Kind, kommt das Licht »zur Welt«. Und die Erde wird wohnlich. Sie wird zur bergenden Herberge.

Die Welt des Menschen wird warm, sie wird zur Wohnung. Nein, anders, das Menschenherz wird zur Wohnung für das Kind aus Gott, wie es Jesus bei seinem Abschied sagt:

Wenn einer mich liebt,
wird ihn der Vater lieben,
und der Vater und ich werden kommen
und in ihm wohnen.
JOHANNES 14,23

Rembrandt, Anbetung der Hirten

Wie wohnlich war denn die Erde damals? Nach allem, was wir wissen, war das Jahr sieben vor unserer Zeitrechnung, in das die Geburt Jesu fällt, alles andere als gesichert und friedlich. Josephus, der jüdische Geschichtsschreiber jener Zeit, berichtet, diese »erste Schätzung«, das heißt Volkszählung mit dem Zweck der Erhebung von Steuern, sei der Anlass gewesen für heftige Aufstände in Judäa gegen die römische Macht. Judas, ein Galiläer, der auch in Apostelgeschichte 5,27 genannt ist, zog durchs Land und sammelte Mitstreiter gegen die offenbare Knechtschaft. Aber sein Aufstand wurde blutig niedergeschlagen. Und in dieses Szenario hinein zeichnet der Evangelist die Geschichte von der Geburt des Kindes von Betlehem. Die Geburt des wehrlosen Kindes, das Gott als Retter gesandt habe, war für Maria Grund genug, ihr Lied von der Umkehrung aller Verhältnisse im Land zu singen.

> Er stößt die Gewaltigen vom Stuhl
> und erhebt die Niedrigen.
> Er wendet uns seine Barmherzigkeit zu
> und hilft seinem Diener Israel auf.
> Lukas 1,52

Und heute? Eignet sich wenigstens die Kirche noch als Herberge für den, der von irgendeiner Landstraße zu ihr kommt? Schon lange hat man die Kirche nicht mehr so sehr wie heute als Herberge gesucht, und kaum je verlässt man sie so rasch wieder, wenn sich zeigt, dass sie sich nur in Ausnahmefällen dafür eignet.

Reisegruppen steigen aus den Omnibussen und absolvieren ihren Besuch in den Mauern einer alten Kathedrale, als sei dies ein Ort, an dem man irgendwann einmal gewesen sein müsse. Unzählige Einzelne, Junge und Alte, kommen irgendwann durch ein Portal, sitzen vor einem Altar oder einem farbigen Fenster, suchen nach der Geborgenheit, die ein Wald von Säulen oder ein dunkles Gewölbe versprechen, und gehen nach einem ratlosen Rundgang wieder hinaus. Irgendwann später steht derselbe Besucher wieder unter einer Kirchentür, von der Hoffnung oder dem heimlichen Wissen hergeführt, es gebe auch für Menschen dieser Zeit ein Haus, das Gott gebaut hat, und erlebt vielleicht, dass die Herbergswirte denen, die von der Landstraße kommend anklopfen, in den alten Mauern so oft kein wirkliches Zuhause zeigen können.

Früher lebten oft bis zu fünf Generationen auf demselben Hof, wohnten in demselben Haus, verbrachten ihre Kindheit in demselben Kinderbett. Sie lebten in derselben Stadt und auf einem und demselben Acker. Wir Heutigen wechseln die Häuser wie die Kleider, wir ziehen von Wohnung zu Wohnung, und vielleicht ist die Erfahrung, dass das Haus uns nicht mehr verlässlich birgt, eine Ursache für die tiefe innere Unruhe, die unsere Zivilisation ergriffen hat.

Früher bestand die Welt der Menschen aus dem Planeten Erde. Für uns heute dehnt sich der Kosmos über den letzten Fixstern hinaus in eine gähnende, leere, nachtschwarze Welttiefe. Als Gefangene einer Welt, die keine Heimat mehr ist, leben wir mit unseren Ängsten.

Dies aber eben ist das Erregende an der Lebensgeschichte jenes Jesus von Nazaret. Dies ist die heimliche Unruhe, die durch die Jahrtausende hin von ihm ausgeht: Er sagte von sich, er habe nicht einmal, was Füchse und Vögel hätten, nämlich einen Schlafplatz, wenn es Nacht wird. Zugleich aber bot er, der Heimatlose, den Heimatlosen von Galiläa Tisch und Bank an und baute ihnen aus Güte und Freundlichkeit Wand und Dach. Als er aber gänzlich aus seinem Volk ausgestoßen wurde und nur noch die Schädelstätte für ihn übrig war, sagte er den Seinen: »Ich bin die Tür zum Vater.« Und:

Euer Herz erschrecke nicht.
In meines Vaters Hause sind viele Wohnungen.
Wäre es nicht so, wie könnte ich hingehen,
euch eine Wohnung zu bereiten?
Und wenn ich nun hingehe,
euch eine Heimat zu geben,
will ich wiederkommen und euch holen,
damit ihr seid, wo ich bin.
JOHANNES 14

Das Wort erinnert mich an das Gedicht eines Afrikaners, dessen Namen ich nicht weiß, der an der Heimatlosigkeit litt, die die europäische Zivilisation in sein Land gebracht hatte, und der nun aufs Neue nach einer Heimat suchte, einer neuen, anderen, die er sich nur jenseits dieser Welt vorstellen konnte:

Vielleicht habe ich nie
Häuser und Land.
Oh, die Schätze dieser Erde
habe ich nie besessen.

Ich mache weiter
für ein Haus da oben.
Gebaut, sagt man,
ist es von Gottes Hand.

Herr, bau mir eine Hütte
in einem Winkel
in deinem Land.

Ich wünsche mir
eine kleine Hütte
irgendwo bei dir.

Mir kommt es auf Straßen
von Gold nicht an,
auch nicht auf Schätze,
die ich verdienen könnte,

aber ich möchte eine Hütte,
ja, eine Hütte,
gebaut in einem Winkel
in deinem Land.

Wie es zuging, dass Jesus heimatlosen Menschen Haus und Schutz gab,
erzählt eine Geschichte aus dem Evangelium:

Einmal war Jesus von einem Pharisäer eingeladen,
bei ihm zu essen,
und er kam in das Haus und legte sich zu Tisch.
In jener Stadt lebte eine Frau,
die von den Frommen gemieden war, eine Dirne.
Als die sah, dass er bei dem Pharisäer speiste,
brachte sie ein Glas mit Salbe,
trat von hinten her zu seinen Füßen und weinte,

GEGRÜSSET SEIST DU, HOCHBEGNADETE,
GOTT IST MIT DIR.
GESEGNET BIST DU UNTER DEN FRAUEN.

Dirk Bouts, Die große Sünderin

ICH BIN DIE MAGD DES HERRN.
MIR GESCHEHE, WIE DU GESAGT HAST.

netzte seine Füße mit ihren Tränen, wischte sie mit ihren Haaren ab,
küsste sie und rieb sie mit Salbe ein.
Als der Pharisäer das sah, machte er sich seine Gedanken:
»Wenn der ein Prophet wäre, wüßte er,
was für eine Frau das ist, die ihn berührt,
dass sie nämlich eine Sünderin ist.«

Da wandte sich Jesus an ihn:
»Simon, ich habe dir etwas zu sagen.«
Er ging darauf ein: »Meister, rede!«
Und Jesus sprach: »Ein Geldverleiher hatte zwei Schuldner.
Der eine war tausend Mark schuldig, der andere hundert.
Als sie das Geld nicht zurückzahlen konnten,
schenkte er es beiden.
Wer von den beiden wird ihm dankbarer sein?«
Simon meinte: »Ich vermute, der, dem er mehr geschenkt hat.«
»Du hast richtig geurteilt«, antwortete Jesus,
und zu der Frau gewendet, fuhr er fort:
»Siehst du diese Frau? Ich kam in dein Haus,
und du gabst mir kein Wasser für meine Füße.
Sie aber netzt sie mit Tränen und trocknet sie mit ihren Haaren.
Du gabst mir keinen Kuss.
Sie aber küsst, seit ich hier bin, unaufhörlich meine Füße.
Du hast mir das Haupt nicht mit Öl gesalbt.
Sie aber hat mir mit der viel kostbareren Salbe
die Füße eingerieben.
Daran wird eins deutlich, und das sage ich dir:
Ihr sind ihre vielen Sünden vergeben, denn sie hat viel Liebe.
Wer wenig Vergebung empfangen hat,
hat auch wenig Liebe zu geben.«
Und er wandte sich an sie: »Deine Sünden sind dir erlassen.«
Da redeten die übrigen Gäste miteinander und fragten sich:
»Wer ist das, der hier Sünden vergibt?"
Jesus aber wandte sich an die Frau:
»Geh. Friede wird mit dir sein.«
LUKAS 7,36-50

Weihnachten erzählt von einer jungen Frau, die einen Engel sagen hörte: »Gegrüßet seist du, du Hochbegnadete« und die zur Anwort gab: »Ja, ich bin bereit.« Das ist lange her. Es ist sehr fern für alle die Frauen und Männer, zu denen der Engel nicht kommt. Die auch nicht so rein sind, dass sie sagen können: »Ich höre. Ich will tun, was du sagst.« Aber später, nach dieser Geschichte, ging Jesus zu denen, die nicht sprechen konnten wie Maria. Seit er die stadtbekannte Dirne aufnahm und sich ihre Liebe gefallen ließ, seit er sich gegen die moralstrengen Herbergswirte auf die Seite der Verlassenen gestellt hat, finden die Heimatlosen in seinem Herzen ein Zuhause.

Wir wissen weiter nichts über die Frau. Nichts über ihre entwürdigenden Erfahrungen zwischen einem zagen Wunsch, glücklich zu sein, und täglicher Enttäuschung, zwischen Verlassenheit und Gier, Angst und Ekel. Vielleicht begegnet sie in dieser Stunde zum ersten Mal einer Liebe, die ihr warm und freundlich entgegenkommt. Vielleicht geht ihr zum ersten Mal das Herz auf und sie wird fähig zu lieben. Dirk Bouts, der niederländische Maler des 15. Jahrhunderts, malt sie in dem Augenblick, in dem sie da kniet und, den Salbentopf neben sich, mit ihren Haaren Jesus die Füße trocknet.

Während dieses wortlosen Dienstes der Verehrung und der zitternden Hoffnung auf Güte geht unter den Männern im Saal die Erregung hin und her. Während Christus die Hand hebt zum Zeichen des Friedens, fragt der sittenstrenge Gastgeber aus dem Kreise der frommen Honoratioren des Orts offenbar, ob Christus wohl wisse, um wen es sich bei dieser Frau handle. Das Messer, das er in der Hand hält, ist spitz und zum Schnitt bereitgehalten, aber nicht so sehr zum Schnitt zwischen der Dirne und ihm – hier gibt es nichts zu trennen –, sondern zwischen ihm und Christus, der sich mit diesem verlorenen Menschen befasst. Die Haltung Christi und des Gastgebers sind bis in die Art, wie ihre linke Hand auf dem Tisch liegt, sehr ähnlich.

Aber die rechte Hand des einen hält das Messer, die des anderen gibt Frieden. Der Mund des einen weiß zu reden, der des anderen hält das dunkle Geheimnis der Schuld wie des Friedens zurück und lässt alles der Hand, die ihr Zeichen gibt. Auf der anderen Seite ist einer im Selbstgespräch beschäftigt. Petrus offenbar, der auf seine Weise – nun auf die christliche – sich abtrennt von so viel Verworfenheit. Und am Ende des Tisches redet Johannes mit einem Mönch, wohl dem Stifter dieses Bildes, der wie ein ruhender Pol an der rechten Kante kniet und sich von Johannes sagen lässt: Das Beste, das du sein kannst, ist ein verlorener Mensch zu den Füßen des Christus. So, nur so, bist du hier bei ihm zu Hause. Das ist Weihnachten: Der verlassene und verwirrte Mensch hört: »Sei gegrüßt, du Gesegnete« und antwortet: »Siehe, ich bin des Herrn Magd.«

»Und sie gebar ihren ersten Sohn, wickelte ihn in Windeln und legte ihn in eine Krippe, denn sie hatten sonst keinen Raum in der Herberge.« So schließt der erste Abschnitt der Weihnachtsgeschichte bei Lukas. So wird der Schlusspunkt unter eine Reise gesetzt und der Anfang eines lebenslangen Schicksals bezeichnet. Er hatte keinen Raum, wohin immer er kam. »Die Füchse haben Gruben, die Vögel unter dem Himmel haben Nester, aber ich, der Bevollmächtigte Gottes, habe nicht, da ich mein Haupt hinlege«, sagte er zu einem Menschen, der dieses Geschick mit ihm teilen wollte. Immer war er darauf angewiesen, dass einer ihm Haus und Dach bot, Tisch und Bank, immer war er der, der das Gastgeschenk empfing, Brot und Wein, das Wasser für die Füße und das Lager für die Nacht.

Und doch war er es, der Unbehauste, der den Unbehausten das Dach bot und das Haus öffnete, die Heimat und die Geborgenheit.

> Von nun an steht uns wieder unsere Heimat offen.
> In der Menschwerdung hat Gott
> sein tiefstes Geheimnis offenkundig gemacht.
> Gott ward Mensch
> und machte den Menschen zu seinem Heiligtum.
> Gott wurde Mensch,
> damit der Mensch seine Heimat habe in Gott.
> HILDEGARD VON BINGEN

Aber wir fragen uns auch, wieviel Heimat wir selbst den Heimatlosen, den Verlassenen, die uns begegnen, wirklich geben können. Von einer brüchigen Situation solcher Art spricht Theodor Storm in einem seiner Gedichte.

Weihnachtsabend

Die fremde Stadt durchschritt ich sorgenvoll,
der Kinder denkend, die ich ließ zu Haus.
Weihnachten war's, durch alle Gassen schwoll
der Kinder Jubel und des Markts Gebraus.
Und wie der Menschenstrom mich fortgespült,
drang mir ein heiser Stimmlein in das Ohr:
»Kauft, lieber Herr!« ein magres Händchen hielt
feilbietend mir ein ärmlich Spielzeug vor.
Ich schrak empor, und beim Laternenschein
sah ich ein bleiches Kinderangesicht;
wes Alters und Geschlechts es mochte sein,
erkannt ich im Vorübergehen nicht.
Nur von dem Treppenstein, darauf es saß,
noch immer hört ich, mühsam, wie es schien:
»Kauft, lieber Herr!« den Ruf ohn Unterlass,
doch hat wohl keiner ihm Gehör verliehn.
Und ich? – War's Ungeschick, war es die Scham,
am Weg zu handeln mit dem Bettelkind?
Eh' meine Hand zu meiner Börse kam,
verscholl das Stimmlein hinter mir im Wind.
Doch als ich endlich war mit mir allein,
erfasste mich die Angst im Herzen so,
als säß mein eigen Kind auf jenem Stein
und schrie nach Brot, indessen ich entfloh.

Und eine Geschichte der schwedischen Dichterin Selma Lagerlöf erzählt, wie ein verlassener und dabei böse gewordener Mensch einer
Stille und Güte begegnet, die ihm für die Güte die Augen öffnet und in
der er eine Herberge findet.

Die Heilige Nacht

SELMA LAGERLÖF

Als ich fünf Jahre alt war, hatte ich einen großen Kummer. Ich weiß kaum, ob ich seitdem einen größeren gehabt habe.

Das war, als meine Großmutter starb. Bis dahin hatte sie jeden Tag auf dem Ecksofa in ihrer Stube gesessen und Märchen erzählt.

Ich weiß es nicht anders, als dass Großmutter dasaß und erzählte, vom Morgen bis zum Abend, und wir Kinder saßen still neben ihr und hörten zu. Das war ein herrliches Leben. Es gab keine Kinder, denen es so gut ging wie uns.

Ich erinnere mich nicht an sehr viel von meiner Großmutter. Ich erinnere mich, dass sie schönes, kreideweißes Haar hatte und dass sie sehr gebückt ging und dass sie immer dasaß und an einem Strumpf strickte.

Dann erinnere ich mich auch, dass sie, wenn sie ein Märchen erzählte, ihre Hand auf meinen Kopf zu legen pflegte, und dann sagte sie: »Und das alles ist so wahr, wie dass ich dich sehe und du mich siehst.«

Ich entsinne mich auch, dass sie schöne Lieder singen konnte, aber das tat sie nicht alle Tage. Eines dieser Lieder handelte von einem Ritter und einer Meerjungfrau, und es hatte den Kehrreim: »Es weht so kalt, es weht so kalt wohl über die weite See.«

Von allen den Geschichten, die sie mir erzählte, habe ich nur eine schwache, unklare Erinnerung. Nur an eine einzige von ihnen erinnere ich mich so gut, dass ich sie erzählen könnte. Es ist eine kleine Geschichte von Jesu Geburt.

Seht, das ist beinahe alles, was ich noch von meiner Großmutter weiß, außer dem, woran ich mich am besten erinnere, nämlich dem großen Schmerz, als sie dahinging.

Ich erinnere mich an den Morgen, an dem das Ecksofa leer stand und es unmöglich war zu begreifen, wie die Stunden des Tages zu Ende gehen sollten. Daran erinnere ich mich. Das vergesse ich nie.

Und ich erinnere mich, dass wir Kinder hingeführt wurden, um die Hand der Toten zu küssen. Und wir hatten Angst, es zu tun, aber da sagte uns jemand, dass wir nun zum letzten Mal Großmutter für alle die Freude danken könnten, die sie uns gebracht hatte. Und ich erinnere mich, wie Märchen und Lieder vom Hause wegfuhren, in einen langen schwarzen Sarg gepackt, und niemals wiederkamen.

58

Ich erinnere mich, dass etwas aus dem Leben verschwunden war. Es war, als hätte sich die Tür zu einer ganzen schönen, verzauberten Welt geschlossen, in der wir früher frei aus und ein gehen durften. Und nun gab es niemand mehr, der sich darauf verstand, diese Tür zu öffnen. Und ich erinnere mich, dass wir Kinder so allmählich lernten, mit Spielzeug und Puppen zu spielen und zu leben wie andere Kinder auch, und da konnte es ja den Anschein haben, als vermissten wir Großmutter nicht mehr, als erinnerten wir uns nicht mehr an sie.

Aber noch heute, nach vierzig Jahren, wie ich dasitze und die Legenden über Christus sammle, die ich drüben im Morgenland gehört habe, wacht die kleine Geschichte von Jesu Geburt, die meine Großmutter zu erzählen pflegte, in mir auf. Und ich bekomme Lust, sie noch einmal zu erzählen und sie auch in meine Sammlung mit aufzunehmen.

Es war an einem Weihnachtstag, alle waren zur Kirche gefahren außer Großmutter und mir. Ich glaube, wir beide waren im ganzen Hause allein. Wir hatten nicht mitfahren können, weil die eine zu jung und die andere zu alt war. Und alle beide waren wir betrübt, dass wir nicht zum Mettegesang fahren und die Weihnachtslichter sehen konnten.

Aber wie wir so in unserer Einsamkeit saßen, fing Großmutter zu erzählen an.

»Es war einmal ein Mann«, sagte sie, »der in die dunkle Nacht hinausging, um sich Feuer zu leihen. Er ging von Haus zu Haus und klopfte an. ›Ihr lieben Leute, helft mir!‹ sagte er. ›Mein Weib hat eben ein Kindlein geboren, und ich muss Feuer anzünden, um sie und den Kleinen zu erwärmen.‹

Aber es war tiefe Nacht, so dass alle Menschen schliefen, und niemand antwortete ihm.

Der Mann ging und ging. Endlich erblickte er in weiter Ferne einen Feuerschein. Da wanderte er dieser Richtung zu und sah, dass das Feuer im Freien brannte. Eine Menge weißer Schafe lagen rings um das Feuer und schliefen, und ein alter Hirt wachte über der Herde. Als der Mann, der Feuer leihen wollte, zu den Schafen kam, sah er, dass drei große Hunde zu Füßen des Hirten ruhten und schliefen. Sie erwachten alle drei bei seinem Kommen und sperrten ihre weiten Rachen auf, als ob sie bellen wollten, aber man vernahm keinen Laut. Der Mann sah, dass sich die Haare auf ihren Rücken sträubten, er sah, wie ihre scharfen Zähne funkelnd weiß im Feuerschein leuchteten, und wie sie auf ihn losstürzten. Er fühlte, dass einer sich an seine Hand und einer sich an seine Kehle hängte. Aber die Kinnladen und die Zähne, mit denen die Hunde beißen wollten, gehorchten ihnen nicht, und der Mann litt nicht den kleinsten Schaden.

Nun wollte der Mann weitergehen, um das zu finden, was er brauchte. Aber die Schafe lagen so dicht nebeneinander, Rücken an Rücken, dass er nicht vorwärts kommen konnte. Da stieg der Mann auf die Rücken der Tiere und wanderte über sie hin dem Feuer zu. Und keins von den Tieren wachte auf oder regte sich.«

So weit hatte Großmutter ungestört erzählen können, aber nun konnte ich es nicht lassen, sie zu unterbrechen.

»Warum regten sie sich nicht, Großmutter?«, fragte ich.

»Das wirst du nach einem Weilchen schon erfahren«, sagte die Großmutter und fuhr mit ihrer Geschichte fort. »Als der Mann fast beim Feuer angelangt war, sah der Hirt auf. Es war ein alter, mürrischer Mann, der unwirsch und hart gegen alle Menschen war. Und als er einen Fremden kommen sah, griff er nach seinem langen, spitzigen Stabe, den er in der Hand zu halten pflegte, wenn er seine Herde hütete, und warf ihn nach ihm. Und der Stab fuhr zischend gerade auf den Mann los, aber ehe er ihn traf, wich er zur Seite und sauste, an ihm vorbei, weit über das Feld.«

Als Großmutter so weit gekommen war, unterbrach ich sie abermals. »Großmutter, warum wollte der Stock den Mann nicht schlagen?« Aber Großmutter ließ es sich nicht einfallen, mir zu antworten, sondern fuhr mit ihrer Erzählung fort.

»Nun kam der Mann zu dem Hirten und sagte zu ihm: ›Guter Freund, hilf mir und leih mir ein wenig Feuer. Mein Weib hat eben ein Kindlein geboren, und ich muss Feuer machen, um sie und den Kleinen zu erwärmen.‹ Der Hirt hätte am liebsten nein gesagt, aber als er daran dachte, dass die Hunde dem Manne nicht hatten schaden können, dass die Schafe nicht vor ihm davongelaufen waren und dass sein Stab ihn nicht fällen wollte, da wurde ihm ein wenig bange, und er wagte es nicht, dem Fremden das abzuschlagen, was er begehrte. ›Nimm, soviel du brauchst‹, sagte er zu dem Manne.

Aber das Feuer war beinahe ausgebrannt. Es waren keine Scheite und Zweige mehr übrig, sondern nur ein großer Gluthaufen, und der Fremde hatte weder Schaufel noch Eimer, worin er die roten Kohlen hätte tragen können.

60

Als der Hirt dies sah, sagte er abermals: ›Nimm, soviel du brauchst!‹ Und er freute sich, dass der Mann kein Feuer wegtragen konnte. Aber der Mann beugte sich hinunter, holte die Kohlen mit bloßen Händen aus der Asche und legte sie in seinen Mantel. Und weder versengten die Kohlen seine Hände, als er sie berührte, noch versengten sie seinen Mantel, sondern der Mann trug sie fort, als wenn es Nüsse oder Äpfel gewesen wären.«

Aber hier wurde die Märchenerzählerin zum dritten Mal unterbrochen. »Großmutter, warum wollte die Kohle den Mann nicht brennen?«

»Das wirst du schon hören«, sagte die Großmutter, und dann erzählte sie weiter.

»Als dieser Hirt, der ein so böser, mürrischer Mann war, dies alles sah, begann er sich bei sich selbst zu wundern: ›Was kann dies für eine Nacht sein, wo die Hunde nicht beißen, die Schafe nicht erschrecken, die Lanze nicht tötet und das Feuer nicht brennt?‹ Er rief den Fremden zurück und sagte zu ihm: ›Was ist dies für eine Nacht? Und woher kommt es, dass alle Dinge dir Barmherzigkeit zeigen?‹

Da sagte der Mann: ›Ich kann es dir nicht sagen, wenn du selber es nicht siehst.‹ Und er wollte seiner Wege gehen, um bald ein Feuer anzünden und Weib und Kind wärmen zu können.

Aber da dachte der Hirt, er wolle den Mann nicht ganz aus dem Gesicht verlieren, bevor er erfahren hätte, was dies alles bedeute. Er stand auf und ging ihm nach, bis er dorthin kam, wo der Fremde daheim war. Da sah der Hirt, dass der Mann nicht einmal eine Hütte hatte, sondern er hatte sein Weib und sein Kind in einer Berggrotte liegen, wo es nichts gab als nackte, kalte Steinwände.

Aber der Hirt dachte, dass das arme unschuldige Kindlein vielleicht dort in der Grotte erfrieren würde, und obgleich er ein harter Mann war, wurde er davon doch ergriffen und beschloss, dem Kinde zu helfen. Und er löste sein Ränzel von der Schulter und nahm daraus ein weiches, weißes Schaffell hervor. Das gab er dem fremden Mann und sagte, er möge das Kind darauf betten.

Aber in demselben Augenblick, in dem er zeigte, dass auch er barmherzig sein konnte, wurden ihm die Augen geöffnet, und er sah, was er vorher nicht hatte sehen, und hörte, was er vorher nicht hatte hören können.

Er sah, dass rund um ihn ein dichter Kreis von Engeln stand.

Da begriff er, warum in dieser Nacht alle Dinge so froh waren, dass sie niemand etwas zuleide tun wollten. Und nicht nur rings um den Hirten waren Engel, sondern er sah sie überall. Sie saßen in der Grotte, und sie saßen auf dem Berge, und sie flogen unter dem Himmel. Sie kamen in großen Scharen über den Weg gegangen, und wie sie vorbeikamen, blieben sie stehen und warfen einen Blick auf das Kind.

Es herrschte Jubel und Freude und Singen und Spiel, und das alles sah er in der dunklen Nacht, in der er früher nichts zu gewahren vermocht hatte. Und er wurde so froh, dass seine Augen geöffnet waren, dass er auf die Knie fiel und Gott dankte.«

Aber als Großmutter so weit gekommen war, seufzte sie und sagte: »Aber was der Hirte sah, das könnten wir auch sehen, denn die Engel fliegen in jeder Weihnachtsnacht unter dem Himmel, wenn wir sie nur zu gewahren vermögen.«

Und dann legte Großmutter ihre Hand auf meinen Kopf und sagte: »Dies sollst du dir merken, denn es ist so wahr, wie dass ich dich sehe und du mich siehst. Nicht auf Lichter und Lampen kommt es an, und es liegt nicht an Mond und Sonne, sondern was Not tut ist, dass wir Augen haben, die Gottes Herrlichkeit sehen können.«

Der Mensch ist Gottes Bild

4

☆☆☆☆☆☆☆☆☆☆☆☆☆☆☆☆☆☆☆☆☆☆☆☆☆

Aber was will uns Weihnachten weiter erzählen? Wir finden Herberge, Raum und Schutz in einer großen Liebe. Das ist eins. Aber das andere ist, dass sie von dem erzählt, was in uns selbst geschehen kann und soll. Weihnachten spricht auch davon, was in uns selbst, vielleicht sehr unscheinbar, anfangen soll zu wachsen, zu blühen und zu gedeihen. In uns selbst – in dem trockenen Grund, der eigentlich keinem Wachstum das Wasser geben kann, in der Trockenheit unseres kargen Herzens.

Eine Geschichte wird uns erzählt, in der es um das Gedeihen geht. Einer Frau, der Jesus an einem alten Ziehbrunnen begegnet, zeigt er, was ihr fehlt: »Solange du auf dieses Wasser angewiesen bist, wirst du von deinem Durst nicht frei werden. Wenn du von dem Wasser trinkst, das ich dir gebe, wirst du nie mehr dürsten. Denn das Wasser, das ich dir gebe, wird in dir selbst zu einer Quelle werden, die das wirkliche, das bleibende Leben, in dir hervorbringt« (Johannes 4,13-14).

An einem achteckigen Ziehbrunnen, in verstreutem Licht, das durch das Blattwerk einzelner Bäume fällt, steht eine Frau und schüttet Wasser aus einem Eimer in einen Krug. So schildert Jan Joest kurz nach dem Jahr 1500 die Geschichte von der »Samariterin am Brunnen« aus dem Johannesevangelium für den Altar der Nikolaikirche in Kalkar am Niederrhein:

Auf einer Reise nach Galiläa kam Jesus in eine Stadt in Samaria, die hieß Sichar, an den Brunnen Jakobs. Da nun Jesus müde war von der Reise, setzte er sich um die Mittagszeit an den Brunnen. Da kam eine Frau aus der Stadt, um Wasser zu schöpfen. Jesus bat sie: Gib mir zu trinken! Da antwortete sie: Wie kommt es, dass du von mir Wasser erbittest, da du doch ein Jude bist und ich eine

Samariterin? Denn die Juden haben keine Gemeinschaft mit den Samaritern. Jesus antwortete: Wenn du verstündest, wie nahe dir die Gabe Gottes ist und wer der ist, der dich um Wasser bittet, du würdest die Bitte umkehren. Du würdest ihn um quellfrisches Wasser bitten, und er würde es dir geben. Denn wer von diesem Wasser trinkt, den wird wieder dürsten, wer aber von dem Wasser trinkt, das ich ihm gebe, den wird nie wieder dürsten, denn es wird in ihm zu einer Quelle werden, aus der ihm ewiges Leben zufließt. Da bat ihn die Frau: Herr, gib mir dieses Wasser, damit ich nicht immerfort hierher kommen muss, um zu schöpfen. Er antwortete: Geh erst nach Hause, rufe deinen Mann und komm her. Die Frau wehrte ab: Ich habe keinen Mann. Da sprach Jesus zu ihr: Es ist wahr, was du sagst: Ich habe keinen Mann. Fünf Männer hast du gehabt, und den du jetzt hast, der ist nicht dein Mann.
Johannes 4

Wie soll man sich das Bild des Jan Joest und die Geschichte zusammenreimen? Sollte diese vornehme Bürgerfrau in so festlichem Gewand und Kopfputz wirklich den staubigen Weg zum Brunnen gegangen sein, um Wasser zu holen? Sollte das zarte, feingliedrige Wesen mit den schmalen Schultern und Händen fähig sein, den ungeheuren Krug gefüllt in die Stadt zurückzutragen? Oder haben der Brunnen, das Wasser und der Krug einen ganz anderen Sinn? Spielt die ganze Geschichte nur äußerlich an einem Wasserplatz und geht es in Wahrheit mehr um den inneren Menschen, bei dem es unerheblich ist, ob man ihn in das Gewand einer armen Frau vor zweitausend Jahren oder in den Sonntagsschmuck einer gesicherten Bürgerfrau der Zeit des Jan Joest kleidet? Und wer ist überhaupt diese Frau? Sie ist schön. Wir schauen ihr gerne ins Gesicht und auf ihre Hand. Was will der Maler mit dieser Schönheit aussagen, wenn wir doch annehmen, es habe sich um irgendeine beliebige Fellachenfrau aus einem der staubigen Dörfer jener Gegend gehandelt? Offenbar sieht der Maler weniger ihren hoffnungslosen Zustand, sondern eine verborgene Bestimmung, die ihr in dieser Stunde gezeigt wird.

Auf der anderen Seite des Brunnens, von der Frau aus Samaria durch den Balken getrennt, der die Rolle trägt, aber auch durch die herabhängende Kette, sitzt Christus ihr gegenüber. Er spricht im Augenblick nicht, nur die erhobene Hand deutet ein Gespräch an, während die Frau betroffen und nachdenklich ins Leere sieht.

Jan Joest, Samariterin am Brunnen

Zwischen dem Brunnen und dem Baum zur Rechten zeigen sich die Mauern und das Tor einer Stadt, und die Befestigungen setzen sich am Hang eines steilen Berges in der Wehrmauer und der Zitadelle fort. Ein Wiesental, von einem Wäldchen gesäumt, führt vom Brunnenplatz hinab zu der Straße, die zur Stadt hin lenkt. So stellte der Maler sich den Ort Sichar vor, das kleine Dorf, das in der Nähe des heiligen Berges der Samaritaner, dem Garizim, gelegen war.

Im Vordergrund aber findet das Gespräch statt, in dem es um die Vergangenheit und die Zukunft jener Frau, um die Misere ihres Lebens und um einen möglichen Neubeginn geht. Es beginnt damit, dass Jesus gegen allen Brauch eine Frau aus Samaria um Wasser bittet. Eine solche Bitte bedeutete die Preisgabe des jüdischen Stolzes, der es verbot, dass ein Jude einem Ungläubigen als Bittender gegenübertrat. Die Gegenfrage der überraschten Samariterin ist denn auch durchaus begreiflich, da sie ja nicht wissen konnte, dass ihr der gegenübersaß, für den es Schranken der Rasse, der Religionsübung oder des nationalen Stolzes nicht gab. Sie konnte nicht wissen, dass sich dieser Fremde gerade darin von anderen Wanderern an der Landstraße unterschied, dass er durch alle Schranken, die Menschen aufstellten, hindurchging, als gäbe es sie nicht: die Schranken zwischen den Besitzenden und den Bittenden, aber auch die zwischen den Sesshaften und den Unbehausten, zwischen den Gerechten und den Ungerechten, den Angesehenen und den Abgeschobenen. Was gelten solche Schranken denn auch für den, der die Grenze zwischen Gott und den Menschen durchschritt?

Um Wasser geht es: um frisches Quellwasser oder abgestandenes Wasser aus einer Zisterne. Um lebendiges Wasser und um totes. Um Wasser, das Leben gibt, oder Wasser, das nur immer neuen Durst schafft.

»Ich weiß Wasser für dich«, sagt Christus zu der Frau, die ihm am Brunnen begegnet, »das deinen Durst für alle Zeit stillen würde.« »Für alle Zeit? Wo finde ich dieses Wasser?« fragt die Frau, »dann müsste ich nicht täglich hierher kommen und schöpfen!« Aber dieses tägliche Laufen nach dem Brunnen ist ja nur ein Hinweis auf den ungestillten Lebensdrang, der diese Frau von einer Quelle des Glücks zur anderen treibt, bis sie immer nach kurzem Trinken erkennt, dass diese Quelle ihren Durst nicht löscht. So läuft sie auf der Suche nach dem Glück von Zisterne zu Zisterne, hofft auf Wahrheit, Sicherheit, Liebe und Geborgenheit, bis sie am Ende dem Durst oder dem abgestandenen, verseuchten Wasser erlegen sein wird. Johannes erzählt nicht und Jan

Joest malt nicht, wie es dazu kam, dass die Frau in ihrem schönen bürgerlichen Gewand anfing, von Brunnen zu Brunnen zu laufen. »Fünf Männer hast du gehabt«, sagt Christus zur ihr, »und der, den du jetzt hast, ist nicht dein Mann.« Die Fassade der wohlsituierten Frau täuscht. Das stille, schöne Gesicht täuscht. Vielleicht sucht sie nichts weiter als ein wenig Liebe, um sich in ihrer Verlassenheit zu trösten, aber der Trost bleibt aus, und sie läuft von einer Quelle des Glücks zur anderen, von einer Hoffnung zur anderen. Was sie findet, ist keine Befreiung, keine Hilfe.

Die Enttäuschungen mögen früh angefangen haben. Die Erwartungen mögen falsch gewesen sein, die ersten Erfahrungen ernüchternd. Vielleicht hatte sie nur ein wenig Bejahung gesucht und nicht gefunden, ein wenig Verstehen, ein wenig Güte, und ich meine, es sei gar nicht Unmoral gewesen, was sie von einem Versuch zum anderen trieb, sondern nur ihre sehnsüchtige Hoffnung, was sie erlebt hatte, möge doch um Gottes willen nicht alles gewesen sein, es möge doch noch irgendeinen Trost für einen verlassenen Menschen geben, ein klein wenig Zartheit für einen geschlagenen und enttäuschten, der immer gebraucht und verbraucht und nie bejaht worden war. Es könnte die Geschichte von Millionen Frauen – und auch Männern – von heute ebenso sein wie die Geschichte jener Frau mit ihrem stillen, schönen Gesicht.

Der feinere, geistigere Bruder dieser Frau, der dasselbe tut, nur eben mit dem Charme des geistigen Suchens, ist jener Doktor Faust, dessen Schicksalslied Goethe gesungen hat und der von sich sagt:

Man sehnt sich nach des Lebens Bächen,
ach, nach des Lebens Quelle hin…

und dessen lange Reise über Liebe, Erkenntnis, Abenteuer und Macht bis zu der Resignation führt, die in der Meinung zum Ausdruck kommt, es komme wohl nicht auf die Quelle des Lebens selbst an, sondern auf die ewige Unruhe, mit ungesättigtem Hunger und ungestilltem Durst immer weiter zu suchen, unablässig, ohne Ende und Ziel.

Der Mensch ist, wenn wir die Illusionen erst durchschaut haben, mit denen man sein Elend zu umkleiden pflegt, ein armes, ein hinfälliges und schwaches Wesen, gejagt von Angst und unablässig auf der Suche nach Geborgenheit, gefangen und immerzu auf der Suche nach dem Ausgang ins Freie. Er weiß, dass das Glück vergänglich und die Freude kurz ist, und sucht sein Leben lang nach der immer neuen

Wiederholung dessen, was so begrenzt und so vergänglich ist. Die Zeit verrinnt, und die Suche nach dem Glück wird hastig, atemlos, gehetzt. Er weiß, dass er einmal alles wird lassen müssen, und versucht, noch etwas zu gewinnen von den Gütern dieses Lebens. Er weiß, dass er in Wahrheit allein ist, und sucht nach irgendeinem Menschen, der mit ihm ist, und sei es nur für einen Augenblick.

Ein Afrikaner von heute, Langston Hughes, hat diesen Ruf des Verlassenen in einem Gedicht ausgesprochen, das in seiner Kürze und Dichte kaum zu überbieten ist:

> Irgendwer ist besser als niemand.
> In dürrer Dämmerung ist sogar die Schlange,
> deren Spirale Schrecken zeichnet in den Sand,
> besser als niemand in diesem öden Lande.

»Den du jetzt hast, der ist nicht dein Mann«, sagt Jesus. Aber ist nicht sogar die Schlange, deren Spirale Schrecken in den Sand zeichnet, besser als niemand? Besser als die einsame Trauer?

Es muss wohl Absicht gewesen sein, dass der Maler die schwere, eiserne Kette so genau an Gesicht und Arm der Samariterin entlangführte, als sei sie ein Stück ihrer selbst, als gehöre die Kette noch dichter zu ihr als Kopfschmuck und Pelzkragen. Und in der Tat: Wir verstehen Weihnachten nicht, wenn wir die Ketten nicht sehen, die uns fesseln, binden und beschweren. Denn dazu kam Jesus zu uns hinfälligen, um unser Glück besorgten und von unserer Sorge gebundenen Menschen, um uns mit brüderlicher Zartheit und Behutsamkeit frei zu machen.

Und dies ist das Geheimnis der Menschwerdung Gottes: Der Schwache gibt die Kraft, und der als Fremder an die Brunnen der Menschen kommt, gibt das Wasser, das in Ewigkeit allen Durst löscht. Der Barmherzige weckt im sorgsamen Gespräch das Gewissen, nicht indem er verurteilt, sondern indem er das lebendige Wasser anbietet, den Trost der Nähe Gottes, das Element, in welchem sich das Leben der Menschen zu wandeln vermag. Wovon lebt denn nun die Frau am Brunnen? Davon, dass ihr einer gegenübersitzt, der sie kennt und doch nicht verwirft. Denn Jesus Christus spricht ja eben deshalb zu ihr, weil er will, dass sie ihren Weg durch ihr Leben ohne Angst und Hast geht. Er zeigt ihr, dass auch sie selbst etwas zu geben hat, das er, der Gebende, in Anspruch nehmen will.

68

Und so gibt er ihr die Würde zurück, die ihr ein gutes Stück weit abhanden gekommen war. Ihren Wert, den sie kaum mehr empfand. Und eben dies meint wohl der Maler, wenn er sie so schön, so zart und so festlich gekleidet darstellt. Sie ist, was sie immer hatte sein sollen, wieder das Bild eines Menschen und damit ein Bild Gottes.

Hildegard von Bingen schreibt:

Durch das Wort, das die Quelle des Lebens selber ist,
kam die umarmende Mutterliebe Gottes hernieder.
Sie nährt uns zum Leben.
Sie ist das tiefste, mildeste Erbarmen,
das uns den Weg der Umkehr zeigt.
Denn Gott gedachte seines Werkes,
des Menschen, den er gebildet
und dem er den Atem des Lebens eingehaucht hat.

Die drei Versprechen

WALTER BAUDET

Ein kleiner Junge war über Weihnachten auf Besuch bei seinem Groß-vater. Der Großvater war ein Holzschnitzer und war gerade dabei, eine neue Krippe zu schnitzen. Der Junge setzte sich zu ihm und schaute dem Großvater ein wenig bei der Arbeit zu.

Daneben auf dem Tisch standen schon eine Reihe von fertigen Fi-guren, die Hirten, die Drei Könige, Maria und Josef. Der Junge war schon ein wenig müde, und so stützte er die Hände auf den Tisch, legte seinen Kopf hinein und schaute die Figuren an.

Auf einmal war ihm so, als wollten die Figuren lebendig werden. Ja, tatsächlich. Sie begannen sich zu bewegen und er konnte sogar mit ihnen reden. Es war ihm, als sei er auf einmal mitten unter ihnen – nicht mehr groß und die Figuren klein, sondern die Figuren waren groß und lebendig so wie er. Und da konnte er nicht anders: Er ließ sich an-stecken von den Hirten, die da zur Krippe liefen, und er rannte mit ih-nen über die Felder bis hin nach Bethlehem, bis hin zum Stall. Denn er wollte auch das Jesuskind selber sehen.

Und wie er in den Stall trat, da lag es tatsächlich in einer Krippe. Es lächelte und schaute ihn ganz freundlich an. Und auch er musste es anschauen und ihre Blicke trafen sich.

Da wurde der Junge auf einmal traurig und Tränen kamen ihm in die Augen.

Das Jesuskind fragte ihn sofort: »Warum weinst du denn?«

Und er antwortete: »Weil ich dir doch nichts mitgebracht habe wie all die anderen hier.«

Das Jesuskind schaute ihn weiter an und sagte ganz ruhig: »Aber ich möchte tatsächlich etwas von dir haben.«

Da wurde der Junge vor Freude ganz rot im Gesicht und sagte gleich: »Du kannst von mir alles haben, was du willst. Wirklich alles!«

Aber das Jesuskind sagte: »Alles brauche ich nicht. Nur drei Dinge möchte ich von dir haben!«

Da fiel der Junge ihm schon ins Wort und schlug ihm vor: »Meinen neuen Mantel kannst du haben oder meine elektrische Eisenbahn – oder das neue Buch mit den vielen Bildern …«

Aber das Jesuskind schüttelte den Kopf: »Nein, nein, das alles haben wir auch im Himmel, sogar noch viel schöner. Ich möchte gerne etwas von dir geschenkt bekommen, was es im Himmel nicht gibt.«

Da bekam der Junge plötzlich wieder Angst, denn er hatte ja nun bestimmt nichts, was es im Himmel nicht schon geben würde. Und während er überlegte, sagte das Jesuskind: »Das Erste, was ich mir als Geschenk von dir wünsche, ist: dein letzter Schulaufsatz.«

Da wurde der Junge sehr verlegen. Das Jesuskind hatte ihm diesen Wunsch ganz leise zugeflüstert, dass es die anderen nicht hören konnten. Und auch er beugte jetzt den Kopf ganz nahe zu ihm hin und flüsterte ähnlich leise: »Christkind«, kam es stotternd heraus, »da steht aber doch darunter: ungenügend.«

»Ja«, sagte da das Christkind. »Eben, gerade deshalb möchte ich ihn von dir haben.«

Und noch während der Junge es fragte: »Warum denn?« wurde ihm selbst die Antwort plötzlich klar: Ungenügend! Das ist etwas, was es im Himmel nicht gibt!

Und er hörte das Jesuskind weitersagen: »Immer sollst du mir das geben, was in deinem Leben ungenügend ist. Versprichst du es mir?«

Und der Junge machte es ihm zum Versprechen.

»Nun kommt mein zweiter Wunsch«, sagte das Jesuskind, »ich hätte gerne deine Kabatasse!«

Und wieder wurde es dem Jungen etwas unangenehm. Er schaute ganz hilflos hin und sagte: »Christkind, aber die habe ich doch heute Morgen fallen lassen!«

»Ja«, sagte da das Christkind wieder. »Das ist das Zweite: ich möchte immer in deinem Leben all das von dir haben, was du zerbrochen hast. Versprichst du mir, mir immer alles Zerbrochene zu geben?«

Und der Junge antwortete: »Ja!«

»Aber ich habe auch noch einen dritten Wunsch«, fing das Christkind noch einmal an. »Ich möchte noch die Antwort haben, die du deiner Mutter gegeben hast, als sie dich gefragt hat, wie denn die Kabatasse kaputtgegangen ist!«

Da senkte der Junge langsam den Kopf, er legte ihn auf den Rand der Krippe und begann leise zu weinen. Denn er hatte seine Mutter angelogen. Und nur unter Tränen brachte er mühsam hervor: »Ich – ich habe doch die Tasse selber umgestoßen und habe sie zu Boden fallen lassen.«

Und in gütigem Ton sagte das Jesuskind zu ihm: »Du sollst mir immer, dein ganzes Leben lang, jede Lüge bringen; jeden Trotz und alles Böse. Versprichst du mir auch das?« Das tröstete den Jungen, und er gab ihm auch dieses Versprechen.

Da wischte er sich die Tränen von den Augen, um das Jesuskind wieder richtig anschauen zu können – und da lag es plötzlich wieder reglos vor ihm in seiner Krippe, und wie er weiter schaute, da waren all die Krippenfiguren wieder kleine reglose Holzfiguren geworden. Es war ihm, als sei er wie aus einem Traum aufgewacht. Aber die drei Versprechen, die er gegeben hatte, hat er nie mehr vergessen und sich daran gehalten.

Gedanken über den Wert von Weihnachtsgaben:

> Ich danke dir für deinen
> süßen, goldnen Brief …
> Aber bist du klug?
> Was willst du mir geben?
> Sind wir denn arme Elende,
> die ein Ring oder Geschenke
> zusammenknüpfen?
> Bringe mir nichts;
> ich werde dich nicht
> freundlicher ansehen,
> wenn du was mitbringst.
> Dann werde ich denken,
> dass du mir nicht
> dein ganzes Herz geben,
> sondern was dran fehlt,
> durch Geschenke
> ersetzen willst …
> Ach, wozu Geschenke,
> komme selbst.
> KAROLINE FLACHSLAND AN HERDER, 1773

Dag Hammarskjöld, der frühere Generalsekretär der Vereinten Nationen, schreibt in seinem Tagebuch:

> Gott stirbt nicht an dem Tag, da wir aufhören, an einen persönlichen Gott zu glauben. Wir aber sterben in der Stunde, da unser Dasein nicht mehr vom Glanz des immer neu geschenkten Wunders durchleuchtet wird, dessen Quellen jenseits aller Vernunft liegen.

Madonna von Benediktbeuren

Viele Jahrhunderte haben mit unendlicher Liebe Maria nachgesonnen. Vor goldenem Hintergrund malten die Meister ein zartes, liebliches Wesen wie die Benediktbeurer Madonna, die sich still und gesammelt ihrem Kind zuwendet, während das Kind spielend und vertrauend auf ihrem Arm ruht, ihr ganz gehörend – oder besser, dem sie ganz gehört. Das Geheimnis nicht nur der Weihnachtsgeschichte legten sie in ihre Bilder, in die warmen Farben und die weichen Gewandfalten, sondern auch das des Mädchens und der jungen Frau. So still, so schön, so selbstverständlich sollte es wohl aussehen, wenn ein Mädchen zur Mutter wurde. So vollkommen sollte sich die Welt darbieten, so unversehrt, wenn ein Kind auf den Armen einer Mutter ist.

Das wollten sie sagen: So frei ist der Mensch, so geborgen, so schön. So rein, so klar vermag ein Mensch der Schöpferkraft Gottes Raum zu geben, so vollkommen vermag er Werkzeug zu sein.

Aber mehr ist noch gesagt. Maria trägt die Rose als Brosche, als deute sie die Heimkehr ins Paradies an, und als sei sie wieder Gottes Bild, wie Eva das gewesen war. Die Rose galt als das Abbild der göttlichen Vollkommenheit, zugleich auch als das Zeichen für die Vollendung der Welt in Gott. Dante schilderte das Pleroma, den Raum Gottes, in der Gestalt einer himmlischen Rose, und in Liedern wird Maria immer wieder als die Rose gepriesen, die aus Gott blühe.

Sie trägt den Apfel in der Hand, der – etwa als »Reichsapfel« – das Machtzeichen von Kaisern und Königen war und ist, mit dem sie sagen: So liegt diese ganze Welt in meiner Hand. Aber dieser Apfel, den Maria hält, ist ein Zeichen für eine Welt, die rund und vollkommen ist, nicht mehr gespalten in Licht und Finsternis. Der »Apfel« des Paradieses, an dem die Gespaltenheit der beiden Urmenschen deutlich wurde, zeigt das Bild des ungespaltenen, erlösten Menschen. In ihm sind sie eins: eine von Gott geheilte Welt und ein von Gott erlöster, erfüllter, ganzer Mensch.

Diese Maria scheint zu sagen: Ich bin nicht irgendwer. Ich bin geliebt. Und ich liebe die neue Kraft, die in mir gewachsen ist. Ich schaue ins Licht und weiß, dass ich im Licht bin. Ich gehe meinen Weg, und gehe ihn als ein glücklicher Mensch. In mir ist ein Lachen, ein Jubel. Ich bin »Braut«. Ich bin also in Gottes Augen schön, jung, geschmückt, und kein Tod wird mir dieses Glück nehmen. Mein letztes Lachen wird ein Lachen über den Tod sein.

Von Ernesto Cardenal haben wir das Wort:

> Wir wurden geschaffen für die Liebe.
> Alle könnten wir ausgefüllt sein mit Liebe,
> alle Möglichkeiten der Zärtlichkeit und Hingabe voll ausleben,
> wenn wir uns unserem Innern zuwenden würden,
> zur Großen Liebe, die in ihnen pulsiert und atmet.
> Gott ist Liebe, die sich spiegelt.
> Was wir im andern lieben ist das Göttliche,
> das uns lieben heißt.
> So ist alle gegenseitige Liebe ein Stück Gott.

Wenn die Bibel sagt, Gott habe den Menschen »zu seinem Bilde« geschaffen, dann meinte sie nicht, der Mensch sehe aus wie Gott oder Gott wie ein Mensch. Sie meinte vielmehr, der Mensch sei geschaffen als ein Gegenüber zu Gott. Er sei begabt mit dem Geist Gottes, er lebe aus ihm und stehe vor Gott, ihn spiegelnd. Er sei fähig zu verstehen, was Gott mit ihm gemeint hat, und fähig, Gott auf dieser Erde zu vertreten.

So sagt Jesus: »Ich bin das Licht der Welt«, und er sagt es zugleich den Menschen um ihn her: »Ihr seid das Licht der Welt.« Es ist wie ein Fließen von Licht von Gott her über Jesus Christus hin zu den Menschen, die nun, erhellt und erleuchtet, den Auftrag ihres Daseins erfüllen sollen.

Und so runden sich die Gedanken, mit denen wir unser Weihnachtsfest umkreisen: Wir feiern, was Gott tut. Wir feiern, was dabei aus uns selbst wird. Und dann gehen wir hin und tun, was Gott tut: Himmel und Erde verbinden an der Stelle, an der unser Leben sich abspielt.

So sagt Andreas Gryphius:

> Der Mensch war Gottes Bild, weil dieses Bild verloren,
> ward Gott, ein Menschenbild, in dieser Nacht geboren.

Vielleicht sagen Sie nun: Diese Vorstellung vom Menschen ist so groß und so zuversichtlich, die bringe ich mit dem nicht zusammen, was ich im Laufe meines Lebens von den Menschen und mir selbst erfahren habe. Der Mensch ist nicht groß, sondern sehr klein. Er ist nicht göttlich, sondern, Gott sei's geklagt, sehr menschlich.

Einverstanden. Aber wir sollen ja auch nicht von dem aus denken, was unten anzutreffen ist, sondern von dem aus, was uns aus Gott entgegenkommt. Und wir sollen die Menschen auf dieser Erde nicht in ihrer Armut beurteilen und dabei sie und uns selbst verachten, sondern ihnen entgegenleben und sie, wenn's geht, lieben.

Dazu gehört Mut. Ich weiß. Aber wir erfassen, wer wir sind, nur, wenn wir von uns selbst nicht weniger halten als Gott von uns hält. Denn das Elend des Menschen rührt nicht daher, dass er zu groß von sich denkt, sondern daher, dass er sich zu klein empfindet. Wer wirklich groß von sich denkt, braucht sich nicht zu blähen. Er steht auf der Erde und berührt mit der Stirn den Himmel und dankt für das ungeheure Geschenk einer solchen Bestimmung: das Geschenk der Nacht von Betlehem, in der Gott der Dunkelheit begegnet, die in den Menschen ist, in der er sich in ihnen spiegelt, damit sie sich in ihm spiegeln, sie selbst als Licht in seinem großen Licht.

Der Traum der Hirten

☆☆☆☆☆☆☆☆☆☆☆☆☆☆☆☆☆☆☆☆☆☆☆☆☆

5

Das Wunder der Weihnachtsgeschichte steht in den Worten:

> Und es waren Hirten in derselben Gegend
> auf dem Feld bei den Hürden.
> Die hüteten des Nachts ihre Herde.
> Ihnen erschien ein Engel Gottes,
> Licht aus Gottes Licht strahlte um sie,
> und sie fürchteten sich sehr.

Wir fragen uns heute: Wie stellen wir uns das vor? Kommen Engel in unser Dasein in der Gestalt von Menschen, die einzeln auf uns zutreten oder die als Chor sich versammeln? Reden Engel von außen? Reden sie innen, in der Seele von Menschen, im Herzen von Menschen? Und was ist überhaupt außen und innen, wo Engel erscheinen?

Das Christgeburtspiel, das schon erwähnte, gibt eine Antwort, die sehr zu bedenken ist. Da kommt der Engel Gabriel und singt:

> Ein große Freud verkünd ich euch
> und allen Völkern auf Erdenreich.
> O Christ, wach auf, steh auf und lauf
> zum Kindlein, zum Krippelein,
> zum Jesulein lauf!
> Lauf, lauf! Lauf, lauf!
> Lauft, ihr Hirten, lauft alle zugleich,
> nehmet Schalmeien und Pfeifen mit euch.
> Lauft alle zumal mit freudreichem Schall
> nach Betlehem
> und grüßet das Kindlein im Stall.

O ihr Hirten, ihr Hirten,
lasst's euch nicht verzagen,
ein neue Mär will ich euch sagen!

Darauf folgt ein bemerkenswerter Redewechsel zwischen drei Hirten, die das gehört haben: Da fragt der eine den anderen: »Was hast du denn geträumt, dass du dich so umgewälzt hast neben mir?« Und der erzählt: »Da war ein Engel, und der hat mir etwas gesagt!« Und er fragt dagegen: »Aber du hast dich ja auch so unruhig im Schlaf bewegt. Was hat denn dir geträumt?« Und der antwortet: »Da waren ganze Scharen von Engeln, die haben gesungen.« Und der dritte erzählt seinen Traum: »Ich habe geträumt, wir sollten nach Betlehem gehen, da sei ein Kind.« Sie beraten miteinander, was sie dem Kind bringen wollen, und machen sich auf den Weg.

Die Bauern von Oberufer sagen in ihrem Spiel: Die Engel singen nicht einfach über den Feldern von Betlehem. Sie singen innen in den Hirten. Der Mensch träumt, und im Traum hört er einen Boten von Gott, und er kann davon berichten, wie man eben einen Traum berichtet. Aber im Grunde findet der Gesang der Engel an jener Grenze zwischen innen und außen statt, die eine genaue Auskunft, ob er innen oder außen stattfand, nicht mehr gestattet. An jener Grenze, an der die Wahrheit sich zugleich eröffnet und sich verbirgt, an der ein Engel in der Tiefe der Menschenseele spricht und den hörenden oder schauenden Menschen zugleich über sich hinaus in ein Land, an Menschen, in eine bestimmte Situation verweist.

Vielleicht ist es auch sinnvoll, dass diese Wahrnehmung eines Engels Hirten geschieht. Also Menschen, deren Lebensauftrag der ist, auf ihre Herden hütend zu achten. Zu schauen, was geschieht. Und es ist kein Zufall, dass Jesus später zu der Achtsamkeit eines Hirten aufruft und dass er von sich selber sagt: »Ich bin der gute Hirte.« Also schau dich um auf deinem Weg, ob du jemand daliegen siehst, der dich braucht. Sei ein Hirte.

Pablo Picasso hat mit vierundzwanzig Jahren ein Bild gemalt, das so vom achtsamen, vom hütenden Menschen spricht. Die »Akrobatenfamilie«. In seinen jungen Jahren verkehrte er oft und gern in den Kreisen der Zirkusakteure. Er bewunderte die traditionellen Schausteller, die Jongleure und Akrobaten und was von den Mitgliedern der klassischen Comedia del arte sonst noch zusammenkam. Es war 1905, im Übergang von seiner blauen zu seiner rosa Periode.

Ein Harlekin, kenntlich an seinem Hut und seinem Halsschmuck, sitzt vor einem bläulichen Vorhang und beugt sich über eine Seiltänzerin und ihr Kind. Die Frau neigt sich dem kleinen Jungen zu und spitzt die Lippen, um ihn zu küssen. Ihre feingliedrige Hand stützt das Köpfchen, aber das Kind wendet sich von ihr ab, und während es die Wange der Mutter streichelt, blickt es uns, die Beschauer an. Die Eltern bilden einen behütenden Raum, das Kind aber sucht den Ausgang aus dieser Behütung.

Seltsam: Sie üben einen Beruf aus, in dem viel Gefahr ist für Leib und Leben. Und als diese Bedrohten und Gefährdeten schaffen sie miteinander einen Raum, in dem alles still ist, alles geborgen und geschützt. Unendlich sensibel der schmale Kopf des Mannes, ebenso zart das Köpfchen der Frau. Sie schützen. Sie erfüllen die Rolle dessen, was die Bibel den Hirten nennt. Es ist etwas Transparentes in den zarten Farben, etwas Durchscheinendes, das mit dem Adel des Menschen zu tun hat.

Wenn wir Menschen aber in das Amt des Hüters gerufen werden, sammeln wir uns um das einzig wirklich Kostbare in uns selbst: um das Kind. Und wir stehen, immer wieder, ganz am Anfang unserer Menschwerdung.

Es ist kein Zufall, dass in der Weihnachtsgeschichte vom Lobgesang der Engel, von himmlischer Musik also, die Rede ist. Wenn das Leben sich seinem Anfang zukehrt, so ist damit gesagt, dann erscheint das Vollkommene, das dem Leben überhaupt zu werden verheißen ist.

Wenigstens in der Nacht lass dein Herz ruhen.
Wenigstens nachts höre auf zu rennen.
Gib dich preis, endgültig, ohne Rückhalt in Gottes Hände.

So betet der brasilianische Bischof Helder Camara, der zur Stimme der Armen wurde. Er ist es gewohnt, um zwei Uhr Nachtwache zu halten. In der Stille lauscht er. Er vernimmt jene Stimmen, die der Tageslärm zugedeckt hat. Tags gibt er weiter von dem, was ihm die Nacht geschenkt hat.

Pablo Picasso, Akrobatenfamilie

Er betet:

Wenn du mir nicht die Gnade geschenkt hättest,
während der Nachtwachen die Stille zu trinken,
mich ganz von ihr durchdringen zu lassen,
wie könnte ich jene innere Stille bewahren,
ohne die man weder die Menschen hören kann
noch dich, o Herr!?

Ohne diese Nachtwachen
hätte mich der Stadtrummel verschlungen.
Das Kind wäre in mir gestorben,
weil es verlernt hätte zu spielen,
weil die Angst es eingeholt hätte.
Ohne diese Nachtwachen
gäbe es nicht dieses besiegelte, volle Vertrauen
zwischen uns beiden, o Herr!

Im Bild des »Hirten« aber spiegelt sich vor allem der Auftrag, der Jesus
Christus erfüllte:

Ich bin der zuverlässige Hirte.
Der rechte Hirte lässt sein Leben für die Schafe.
Der Taglöhner, der kein Hirte ist
und dem die Schafe nicht gehören, sieht den Wolf kommen,
lässt die Schafe allein und flieht.
Der Wolf fällt die Schafe an und treibt sie auseinander.

Ich bin der gute Hirte und kenne die Meinen,
wie mich mein Vater kennt,
und die Meinen kennen mich, wie ich den Vater kenne.
Ich gebe mein Leben für die Schafe.
Ich habe auch andere Schafe,
die nicht aus diesem Stall stammen.
Die muss ich herführen, und sie werden meine Stimme hören.
Und es wird eine Herde entstehen unter einem Hirten.

Meine Schafe hören meine Stimme.
Ich kenne sie, und sie gehen hinter mir her.
Ich gebe ihnen das ewige Leben.
Sie werden in alle Ewigkeit nicht umkommen,
und niemand wird sie mir aus meiner Hand reißen.
Der Vater, der sie mir gegeben hat, ist größer als alles,
und niemand kann jemanden aus der Hand des Vaters reißen.
AUS JOHANNES 10

Das alles kann sehr nüchtern aussehen. Die Japanerin Toki Miya-schina hat die Gedanken des 23. Psalms neu gefasst. Sie schreibt:

Der Herr gibt mir für meine Arbeit das Tempo an.
Ich brauche nicht zu hetzen.
Er gibt mir immer wieder einen Augenblick der Stille,
eine Atempause, in der ich zu mir komme.
Er stellt mir Bilder vor die Seele, die mich sammeln
und mir Gelassenheit geben.
Oft lässt er mir mühelos irgendetwas gelingen,
und es überrascht mich selbst, wie zuversichtlich ich sein kann.
Ich merke: Wenn man sich diesem Herrn
anvertraut, bleibt das Herz ruhig.
Obwohl ich viel zuviel Arbeit habe,
brauche ich doch den Frieden nicht zu verlieren.
Er ist in jeder Stunde da und in allen Dingen,
und so verliert alles andere sein bedrohliches Gesicht.
Oft – mitten im Gedränge – gibt er mir ein Erlebnis,
das mir Mut macht.
Das ist, als ob mir einer eine Erfrischung reichte,
und dann ist der Friede da und eine tiefe Geborgenheit.
Ich spüre, wie meine Kraft dabei wächst,
wie ich ausgeglichen werde
und mir mein Tagwerk gelingt.
Darüber hinaus ist es einfach schön zu wissen,
dass ich meinem Herrn auf der Spur
und dass ich, jetzt und immer, bei ihm zu Hause bin.

In den Hirten von Betlehem sind uns Menschen wichtig, die zu träu-men vermögen und in ihrem Traum einer Wahrheit begegnen, Menschen, die wach genug sind, um in der Stille der Nacht eine Stimme zu vernehmen, die ganz anders spricht, als sie es aus ihrem täglichen Umgang gewöhnt sind. Die die zarten Andeutungen, die sich ihnen kundtun aus einer ganz anderen Wirklichkeit, mit dem Herzen und einem achtsamen Geist wahrnehmen. Eine Geschichte erzählt uns von solcher Achtsamkeit.

Heimliche Begegnung der ersten Art

RUDOLF BRAUNBURG

Es war über Sibirien, auf der Luftstraße Grün 3. Bei Promyslennaja, einem Zungenbrecher von Ortsnamen, fiel das Mitteltriebwerk meines Flugzeugs aus. Promyslennaja liegt an der Inja. Die Inja fließt in den berühmten Fluss Ob, dessen Namen wir alle einmal, zusammen mit einer langen Reihe weiterer Flussnamen, auswendig lernen mussten: Ob, Jenisej, Lena und so weiter. Und so weiter heißt: Ich hab's vergessen. Mein Flugzeug war auf den Namen DONAU getauft; und anfangs hatte ich den Verdacht, es wolle nur einmal seine östlichen Nachbarn kennen lernen, sehen, wie es sich so dahinfließt in der weiten sibirischen Taiga – ohne Betonbett und Wasserverschmutzung. Durch die wunderbaren Ereignisse, die dem Triebwerks-Ausfall folgten, weiß ich: Ich habe meinem Flugzeug Unrecht getan. Seitdem versuche ich, besonders behutsam Gas zu geben, weich aufzusetzen, seine Kabinentemperatur zu regeln.

Ich landete in Novosibirsk zwischen, rollte aus, stand. Holzkaten, ein erstauntes Gesicht. Der Mechaniker sagte, es könne Tage dauern, ehe ein neues Triebwerk herangeschafft, ausgewechselt sei. Nach einer ersten Inspektion zeigte er mir einen seltsamen Gegenstand, den er ganz hinten im ausgefallenen Triebwerk gefunden hatte. Ein handgroßes Metallding, zerflammt vom Feuer. Ein schön geschwungener Rahmen, wie von einer Riesengabel ohne Zinken. Schulterzuckend steckte ich den Fund in die Tasche, fuhr mit den Passagieren ins Hotel. Wald, Steppe, Sumpf. Birkengruppen, schneebestreut. Als die Passagiere bei Borschtsch und Wodka saßen, machte ich einen Gang in die Taiga.

Die sibirische Taiga, das muss man wissen, besteht aus schütteren Birken, Espen, Eschen und Fichten oder Lärchen. Sie sind so sparsam verteilt, dass es aus 37000 Fuß aussieht, als habe man Stecknadeln in eine Generalstabskarte gesteckt.

Ich habe nie so weiße, so graziöse Birken gesehen wie in der sibirischen Taiga. Als ich durch den weichen Schnee stapfte, wusste ich: Die Ballett-Tänzerinnen des berühmten Bolschoi-Theaters in Moskau haben ihre schönsten Tänze vom Rhythmus der sibirischen Birken gelernt! Leider kam ich nicht dazu, ihre Bewegungen zu studieren: Nebel kam auf, hängte seine Schleier um Äste und Stämme, alle Konturen verflüchtigten sich. Bald war ich verlorener als bei einem Blindanflug, wenn wichtige Instrumente ausfallen. Dann sah ich den Engel. Wenn ich später an diese Stelle meines Berichts kam, legten Zuhörer immer eine Falte mehr auf ihre Stirn, was beängstigend gescheit wirkte. Sie wollten dann immer Erklärungen und logische Begründungen; vor lauter Logik und Wirklichkeitssinn versäumten sie, mal ordentlich hinzuschauen.

Denn der Engel war einfach da. Erst hätte man ihn noch für einen Lichtreflex, Schneeschauer oder Wolkenschatten halten können. Aber je mehr ich die Orientierung verlor, um so deutlicher hob er sich aus dem Geäst der Birke vor mir ab.

»Hast du mein Musikinstrument mitgebracht?«, fragte er und hielt erwartungsvoll die rechte Schwinge auf. Ich hatte nicht einmal eine ordentliche Wanderkarte von West-Sibirien dabei, geschweige denn ein Musikinstrument. Auf meiner Luftstraßenkarte waren zwar so bedeutsame Dinge wie UKW-Funkfeuer, Flugkontrollzonen und die militärischen Sperrgebiete R 48 bis R 62 eingezeichnet, aber weder Birken noch sibirische Freiluft-Konzertbühnen – und schon gar keine Landeplätze für Engel. Ich erklärte ihm das. Er hielt sich die Schwinge hinters Ohr und mahnte:

»Nicht so laut! Das ist für mich zu leise!« Ich flüsterte in mich hinein. »Laut und klar jetzt?« »Laut und klar! Aber du musst mein Instrument haben!« »Ich habe eine Menge Instrumente«, sagte ich stolz. »Fahrt- und Höhenmesser, Außenbordthermometer und ein Ding, das wir Integriertes Flugführungssystem nennen.«

Er klatschte begeistert in die Schwingen.

»Und was kannst du darauf spielen? Windwalzer? Wolkentriolen? Luftwirbeltänze?« Und, als ich beschämt schwieg: »Mach dir nichts draus! Ein Desintegriertes Außenbordsystem ist sicher auch was enorm Feines! Ich bin schon froh, dass du mich überhaupt noch siehst, trotz all deiner Instrumente!«

»Hast du einen Namen?«

Er rutschte vertraulich einen Ast tiefer. Schnee rieselte kristallfunkelnd zu Boden; es klang wie eine leise Sarabande.

»Engel Archibald. Nenn mich einfach E. A. Und du musst doch mein Instrument haben! Es ist mir direkt, päng, auf dein Flugzeug gefallen!«

Ich zog den Gegenstand aus der Tasche, den der Mechaniker im Triebwerk gefunden hatte. E. A. klatschte so freudig seine Schwingen, dass er beinahe das Gleichgewicht verlor und vom Ast … nein, nicht fiel, sondern entschwebt wäre. Er machte das so überzeugend, dass ich plötzlich nicht mehr verstand, weshalb wir eigentlich das Fallen nach oben Steigen und das Herabsteigen Fallen nennen.

»Dein Leichtsinn kommt dich teuer zu stehen!«, warnte ich düster. »Ein Triebwerkwechsel kostet 112 000 Mark!«

»Geschenkt! Du kriegst dafür einen gefrorenen Tautropfen, den ich gerade erst von der letzten Rose des sibirischen Sommers gepflückt habe.« »Ich fürchte, sie werden deinen Unkostenbeitrag nicht ordnungsgemäß verbuchen können.«

Er kicherte hinter vorgehaltener Schwinge.

»Ich dachte, ihr hättet so gescheite Computer. Können die denn wenigstens sagen, wie stark eine mittelgroße Regenwolke duftet? Oder wie sehr sich das Steppengras freut, wenn der Südwind es krault? Oder wissen sie wenigstens, wie viel Licht in einen Schneekristall passt?«

»Erklär mir lieber dein Musikinstrument!«, lenkte ich verlegen ab.

»Eine Lichtleier. Möchtest du, dass ich sie spiele?«

»Die Saiten fehlen ja«, sagte ich traurig, obwohl ich schon bemerkt hatte, wie der Rahmen funkelte, wenn das milchige Mondlicht durch die Wolkenschleier daraufiel. Gar nicht mehr wie aus der Brennkammer eines General-Elektric-CF-30-A-Triebwerkes gezogen!

»Alles, was wir brauchen, ist ein schönes Licht! Komm, wir fliegen hin!«

»Also erstens«, zählte ich mitleidig auf, »muss ich auf das neue Triebwerk warten. Wenn es dann aber montiert ist, dann dürftest du, zweitens und drittens, kaum Schritt halten können. Ich fliege höher als 12000 Meter und fast so schnell wie der Schall!«

»Es macht mir nichts aus«, antwortete E. A. höflich, »so tief und so langsam zu fliegen! Trotzdem: Ich weiß was technisch Fortschrittlicheres. Flieg einfach auf!«

Er schlug seine Schwingen vor der Brust auf und zusammen, als wolle er sich warmmachen. Ein paar Eisbrocken klirrten durchs Geäst.

»Hör mal, so geht das nicht!«, widersprach ich und kritzelte mit einem Zweig Formeln in den Schnee. Auftriebsbeiwert, Widerstandsbeiwert, ro-Halbe, V-Quadrat. Das ganze Zeugs, mit dem wir uns zu beweisen suchen, dass der Mensch nicht zum Fliegen geschaffen ist. Weil er zu schwer ist. Es sei denn, er macht sich noch schwerer und hängt sich drei Turbinen und eine Menge Dural, Titan und Kunststoff an seinen Leib.

E. A. hörte sich meine intelligenten Ausführungen geduldig und nur gelegentlich dezent hinter vorgehaltener Schwinge gähnend an.

»Eben!«, gab er unerwartet zu. »Das ist der Grund, weshalb ihr nicht fliegen könnt! Ihr denkt zu schwer! Ihr denkt in die falsche Richtung, das ist alles. Alles, was du brauchst, um auffliegen zu können, ist ein leichter, ein guter Gedanke! Ich habe schon auf der Schulbank gelernt: Einst konnten die Menschen fliegen. Aber dann …« Er rutschte von seinem Zweig auf die Erde; und ich sah, wie er sich anstrengte, um tiefer zu kommen, und wie er seine Flügel in einen negativen Anstellwinkel bog. Es gab keinen Abdruck im Schnee. »Aber dann kam einer und hat eure Gedanken in ein Kästchen gesperrt. Wie Schmetterlinge. Erst versuchten sie noch auszubrechen, aber als sie ihre Flügel wundgestoßen hatten, wollten sie nicht mehr hinaus. Nicht mal, als der Deckel wieder geöffnet wurde. Sie hatten sich daran gewöhnt, es war so bequem.«

Gescheit, wie ich war, warf ich lässig ein paar philosophische Brocken ins metaphysische Gespräch: der Übergang von der Bilderwelt Platos zum mathematisch-abstrakten Bewusstsein Aristoteles'. E. A. winkte indigniert ab.

»Nicht diesen neumodischen Kram! Ich rede von der Vergangenheit! Komm! Flieg auf! Denk einen einzigen leichten, guten Gedanken! Einen klitzekleinen!«

Und plötzlich war mir, als hätte ich mein Leben lang in meinem Leib wie in einem Gefängnis gelegen. Ein Kerker, von dem man mir eingetrichtert hatte, es lasse sich darin bequem leben.

»Essen und Trinken?«

»Ausreichend vorhanden!«

»Verdauungsfunktionen?«

»Gesichert!«

Und ich holte meine Gedanken aus der falschen Richtung zurück und brach aus und dachte in die richtige Richtung weiter, und ich spürte, wie ich leichter und leichter wurde, schon flog ich.

Es war ganz einfach. Nur beim Umdenken hatte es einen schmerzhaften Knacks gegeben. Jetzt hatte ich abgehoben. Anfangs hatte ich noch wild mit den Armen geschlagen wie ein Vogel. Dann bin ich geschwommen wie im Wasser. Alles war wie ein déjà-vu-Erlebnis – kannte ich das alles nicht längst aus meinen Träumen? Wie war es dort hineingeraten?

Ich löste mich von der Erdenschwere. Meine Nerven wuchsen bis in die allerfeinsten Ausläufer meines Leibes; ich spürte jeden Luftwirbel, jede Strömung. Schon stieg ich durch dünne Wolkenschlieren, schwebte hoch über verschneite Mulden, Lärchenhaine und Steppenseen hinweg. Selbst einen Birkenhang überstieg ich, während versprengtes Mondlicht gedämpft durch Wolkennarben schimmerte.

Auf einer Bö kletterte ich empor wie auf Stufen zur Unendlichkeit. Nie hatte ich geahnt, dass Luft so fest, so zuverlässig, so Vertrauen erweckend war. In mir war Seligkeit, Auftrieb, Endlosigkeit. Ich überließ mich einem Instinkt, der seit archaischen Zeiten in mir geschlummert haben musste.

Allerdings hatte ich einen zuverlässigen Führer. Er hing, leicht dümpelnd auf den Turbulenzen der Mondnacht, schräg über mir. Die kühle Luft trug uns, wie der salzige Ozean den Schwimmer trägt. Je mehr die Schwerkraft ihre Wirkung verlor, um so mehr verflüchtigte sich auch mein Raum- und Zeitgefühl. Nachdem wir scheinbar endlos in absoluter Stille dahingeflogen waren, flammten ferne Feuer auf.

»Jetzt wirst du gleich meine Lichtleier hören!«, versprach E. A. Er bettete sich rücklings auf die tragende Luft wie auf ein Federbett, zog seine Leier hervor und hielt sie in die Strahlen, die stärker und farbenreicher wurden.

Zunächst war da ein Lichtbogen. Er spannte sich von Horizont zu Horizont wie ein Tor. Aber wir kamen ihm nicht näher; und bald wurde der Bogen durch senkrechte Strahlen zerschnitten. Sie rissen Licht mit, das in Wolken und Wirbeln um die Schnittpunkte strudelte. Plötzlich verschwanden die Strahlen, als habe man Scheinwerfer ausgeschaltet. Flecken geisterten über den Himmel. Schatten, Schemen. Inseln aus Helligkeit. Über dem ersten Bogen entstand ein zweiter, wölbte sich, verblasste, als sei sein Versuch misslungen, bildete sich neu; jetzt wurde der untere bleicher und bleicher.

Neue Lichtkaskaden schossen durch den Raum. Wo sie die Bögen trafen, rissen sie ihr Licht mit, so dass sie unförmig zerfledderten. Auch die senkrechten Strahlen wurden zerfetzt. Plötzlich rieselten Flocken aus Licht über den Himmel – keine feste Form mehr.

Dann waren die Farben da. Zunächst zarte Grüntöne. Dann Kadmiumgelb. Ein Anflug von Orangengelb, das sich mehr und mehr zum Rot hin verdichtete. Wieder Finsternis. Neubeginn. Hier war ein Maler am Werk (dachte ich vage), dem es auf ein paar Jahrtausende misslungener Versuche mehr oder weniger nicht ankam! (Und ich hatte Leute gekannt, die drehten durch, wenn ihre Uhr um zwei Minuten falsch ging! Wann, in welchem seltsamen Land war das gewesen?)

Und wir: mitten hindurch jetzt! Wir schienen selber Teilchen der Farbwirbel, Lichtspiralen, Helligkeitsstrudel zu werden. Wir taumelten schwerelos durch den Raum; und es war herrlich!

»Nordlicht!«, schrie ich, nur um etwas zu sagen!

»Was ist das: Nordlicht?«

War in mir noch immer ein Rest von Erdenschwere? Etwas Dunkles in mir zitierte Bruchstücke: »… Von der Sonne ausgehende Korpuskularstrahlung … Indem die Atome der hohen Erdmagnetosphäre erregt … In etwa 100 km Höhe … Ihr Auftreten in Polnähe wird durch die Ablenkung der Korpuskularstrahlung im erdmagnetischen Feld …«

»Ja, schon. Aber was ist das nun: Nordlicht?«

Ich schwieg, beschämt über mein Schein-, mein Nonsens-Wissen.

»Komm!«, forderte E. A. versöhnlich auf. »Wir baden einfach mal darin!«

Wir badeten darin. Es war phantastisch, bald in einem kalten Blau, dann wieder in einem lauwarmen Orange, einem kochend heißen Karminrot zu baden! Wir ließen auch das aus Blau und Gelb gemischte Grün nicht aus: Fleckenlose Harmonie war um uns wie auf einer sanftgrünen Wiese. Wir durchschwammen die zartvioletten, die krassen Purpurtöne. Lila: Welch eine Energie! Die Sachlichkeit des Blau, die Aggression des Rot!

Dann war eine Farbe da, die war mir vertraut.

»Pfirsichblüt!«, erläuterte E. A. »Die Farbe, welche nur auf der menschlichen Haut, auf dem Gesicht vorkommt, sonst nirgendwo in eurer Natur!«

Ich wollte darüber nachdenken, da hörte ich die Klänge der Lichtleier. Jede Farbe, durch die wir getaucht, gestürzt, gewirbelt waren, hatte einen Ton. Jetzt hörte ich zum ersten Mal bewusst, was längst erklang: Sphärenmusik. Zwischen der Leier spannten sich Saiten aus Licht, aus sieben Farben, und was ich hörte, hatte ich nie gehört – oder doch? Oder doch?

Der Engel zeigte auf eine Lichteransammlung tief unter, über uns: »Dort werden wir landen! Endgültig!«

»Was ist das für ein Land?«

»Es ist das Land, in dem nur gute Gedanken gedacht werden. Das Land des Friedens, der Gerechtigkeit. Komm, wir leiten mal, wie heißt das bei dir, den Sinkflug ein! Ja?«

Ich schwieg. »Hast du die Harmonie der Klänge gehört? Der Töne? Das alles gibt es dort unten!« Ich schwieg.

»Keiner will mächtiger sein als der andere. Im Gegenteil: Dort unten freut man sich, wenn der andere mehr weiß, mehr kann. Man freut sich für den anderen.« Ich schwieg. »Wenn einer Unrecht hat, trauert man. Man triumphiert nicht, wenn man mehr weiß als der andere. Man fühlt sich beschämt, weil man versäumt hat, dem anderen zu mehr Wissen zu verhelfen.« Ich schwieg noch immer drei Nordlicht-äonen lang – was relativ kurz ist. Dann sagte ich: »Wenn ich jetzt 185 Grad magnetisch Nord steuere, komme ich dann zurück?« »Wohin zurück?«, fragte E. A. »An mein Flugzeug«, sagte ich. »Zu meinen Passagieren! Die warten, damit sie endlich diese restlichen, simplen paar Kilometerchen bis zum Zielhafen bewältigen können.«

Der Engel nickte traurig, als habe er das alles geahnt. Dann warf er sich in einen steilen Abschwung und steuerte zurück. Ich stürzte brav hinter ihm her, obwohl mir die Randwirbel seiner Schwingen zu schaffen machten – ich taumelte nur so durch die Atmosphäre.

Zurück in mir blieb dieses Bild von einem Land, das mir so vertraut erschienen war, als sei ich dort immer schon gewesen. Als habe ich nur einen kurzen Erdurlaub genommen. Je mehr die Erdenschwere zunahm, um so mehr verblassten Nordlicht, verklangen die Harmonien, verschwammen die Konturen des Engels.

»Sei mir nicht böse, E. A.!«, bat ich verzweifelt, während ich den Landeanflug auf Birkenhain und Taiga vorbereitete.

E. A. nickte traurig. »Ich hätt's mir denken können! Aber du kommst zurück, das musst du mir versprechen.« Ich versprach es ihm.

»Nämlich: Du bist der einzige Mensch, der so leise spricht, dass ich ihn laut hören kann! Was wir Engel brauchen, um existieren zu können auf eurer Erde, ist Stille. Absolute Stille. Bereitschaft, zu lauschen!«

Ich sah deutlich und markant Konturen. Der beste Beweis, dass ich fast auf der Erde war. Im Hintergrund klangen schon wieder Formeln auf, sah ich Tabellen, Diagramme aufleuchten, hörte ich logische Begründungen. Die letzten Worte des Engels kamen mir schon fast wie ein Traum vor: »Man wird leichter, wenn man gute Gedanken denkt!«

Während ich mich in die letzte Landekurve legte, fragte ich zurück: »Aber wenn man einen Menschen, der gute Gedanken denken will, auf eine Waage setzt und die andere Hälfte durch Gewichte ausgleicht ... ich fürchte, da kommt kein Gleichgewicht, schon gar kein wissenschaftlich überzeugendes Ergebnis zugunsten des Denkenden zustande ... «

»Das ist doch ganz natürlich«, antwortete E. A., zum letzten Mal laut und klar. »Wer kann denn noch gute Gedanken denken, wenn er auf einer Waagschale hocken muss?«

Ich setzte hart und schmerzhaft auf, als sei ich aus dem fünften Stock eines Miethauses gesprungen. Mein Mechaniker war sofort zur Stelle. Er wusste inzwischen alles:

»In der siebenten Stufe des Hochdruckkompressors hat sich ein ...«

»Schon gut!«, sagte ich.

»Nichts für ungut!«, sagte der Mechaniker. »Morgen um elf könnte das Triebwerk da sein ...«

Heimlich zog ich den Gegenstand aus der Tasche, den er mir selber zugesteckt hatte: Nichts als ein Stück zerflammtes Metall. Ich sah jetzt wieder ganz deutlich alles so, wie es war: eine unendliche Trauer befiel mich. Ich kam mir ärmer vor als der ärmste Holzkatenbewohner von Novosibirsk.

»Wie arm sind wir geworden«, sagte ich laut. Ich fühlte mich müde; mir fielen die Augen zu. Zum letzten Mal sah ich E. A., spürte einen Hauch seiner Schwingen: »Ich warte auf dich! Lass dir Zeit – sie spielt keine Rolle ...«

»Ich werde kommen«, versprach ich. »Dann fliegen wir in das Land unter dem Nordlicht.«

»Schiel doch nicht immer so demonstrativ auf deine Quarzuhr! mahnte E. A. »Auf ein paar Jahrtausende mehr oder weniger kommt es doch überhaupt nicht an.«

Die byzantinische Weihnachtsliturgie singt:

Ein Geheimnis schaue ich,
fremdartig und unfassbar ist's.
Zum Himmel wird die Höhle,
die Jungfrau ist der Thron,
den die Cherubim umgeben.
Die Krippe ist der Raum, in dem der liegt,
den doch kein Raum umgrenzt:
Christus, Gott,
den wir im Lobgesang erheben!

Es ist alles versammelt auf der großen Weihnachtsikone, die im Katharinenkloster im Sinai die Jahrhunderte überdauert hat. Wie in einem sehr lebendigen Traum vereint sie alles, was die Weihnachtsgeschichte erzählt. Die Engel, die Weisen aus dem Morgenland, die Hirten auf dem Feld. Maria, das Kind und die Tiere in der Höhle, die Wanderung der Hirten nach Betlehem. Und dazu kommen zwei Männer im Gespräch und zwei Frauen mit dem Kind. Es ist eine reiche, festliche und farbige Erzählung von Geschichten rund um das Geheimnis der Geburt des Lichtkindes in der Höhle, die unsere Erde ist.

An den Inschriften erkennen wir, dass die Ikone aus dem griechischen Sprachraum kommt. Über der Krippe lesen wir IC XC, das heißt Jesus Christus. Über dem Kopf der Maria: MP OV, »Mutter Gottes«, und über den Engeln die Gesamtüberschrift: H GENNECIC TV XV, »Die Geburt des Christus«.

Von dem großen Kreis aus, der die Mitte des Bildes beherrscht, der umrandet wird vom Gewölbe der Höhle und dem breiten unteren Saum des Lagers der Maria, ergeht die Botschaft der Heiligen Nacht in die einzelnen Gruppen der Figuren, die sich im Kreis um das Mittelfeld versammeln.

Dabei fällt die starke Diagonale von links oben nach rechts unten auf. Das beherrschende Rot des Lagers der Maria setzt sich nach rechts unten in den Gewändern der beiden Frauen fort und reicht nach links oben zu den auffallend rötlichen Bergformen, vor denen die drei Reiter vorbeiziehen. Von dem Engel in der linken oberen Ecke andererseits fährt ein Strahl herab, blitzt über dem Kind als Stern auf und durchstößt dann den Stern noch. Das Licht in der Höhle ist Licht vom himmlischen Licht, zugleich aber ist der Stern das Kind selbst, das als

Licht der Welt geboren wird. Sein Name steht unmittelbar unter dem Stern.

Im Vergleich zu dieser Diagonale tritt die andere, die Schräge von links unten nach rechts oben auffallend zurück. Blau und braun ist die Szene der beiden Männer links unten gehalten, blau und braun die Berglandschaft rechts oben. Aber sehen wir nach den Einzelheiten:

Auf einem leuchtend roten Lager liegt Maria, in ein blaues Gewand und einen braunroten Umhang gehüllt, halb sitzend, und schaut aus dunklen Augen den Betrachter an.

Vom Kind hat sie sich seltsamerweise abgewandt, als sei sie sehr erschöpft. Aber es mag auch sein, dass der Maler gedacht hat wie viele andere, dass Maria hier in der Rolle einer Wächterin erscheint, die das Geheimnis der Menschwerdung Gottes bewacht und den Betrachter des Bildes auffordert, nicht zu nahe zu treten, sondern stehenzubleiben und zu verehren.

Hinter ihr liegt das Kind. Es liegt nicht in einer Krippe, sondern in einem rechteckigen, steinernen Kasten in der Form eines Altars. In der Tat ruht das Kind auf ähnlichen Ikonen flach auf einem geschlossenen Kubus, als dächte der Maler an die Darstellung im Tempel, also an eine Vorwegnahme des Opfers, das auf einem Altar dargebracht wird. Hier ist der Kasten hohl, ähnlich dem Grab Christi auf den vielen Darstellungen des Begräbnisses oder der Auferstehung.

Dem entspricht wohl auch, dass das Kind so fest in lange Tuchstreifen eingeschnürt daliegt. In jenen Zeiten stellt man Kinder oft so streng eingeschnürt dar. Aber in dieser festen Bindung werden auch Tote gezeigt, vor allem etwa auf Darstellungen der Auferweckung des Lazarus. Es könnte also durchaus sein, dass hier nicht nur die Darstellung im Tempel bildprägend gewirkt hat, sondern auch der Tod und die Auferstehung Christi.

Das Kind liegt in einer Höhle, die Mutter draußen, vor dem Eingang. Die Höhle, von der im Evangelium ja nicht die Rede ist, bedeutet den Leib der Mutter als den großen, das Leben hervorbringenden und schützenden Innenraum, der von der Mutter selbst geschützt wird, die selbst wiederum in der Sprache des Symbols ebenso für den Tod wie für das Leben steht. Mit der Menschwerdung schon, so sagt das Bild, ist Christus hinabgestiegen in die Tiefe der Todeswelt, in der nun »Adam«, das heißt der Mensch, liegt. Die Höhle von Betlehem und die Höhle der Grablegung sind in der Sprache der Ikonen eines.

Weihnachtsikone, Katharinenkloster Sinai

Die Höhle liegt unter einem steilen Berg, der wiederum den Mutterleib abbildet. Wenn das Alte Testament von einer schwangeren Frau spricht, dann sagt es wörtlich: »Sie wurde Berg.« Und so preist die byzantinische Liturgie Maria als den Heiligen Berg: »Freue dich, Maria, Mutter und Jungfrau, Heiliger Berg, Garten Eden, aus dir wird Christus Gott geboren.« Oder: »Ein junges Kind ging hervor aus dem Berg der Jungfrau.«

In der Höhle stehen Ochs und Esel, auf unserer Ikone erscheinen sie gar zu dritt. Warum gerade Ochs und Esel zu den beständigsten Figuren der Weihnachtsdarstellungen gehören, ist eine eigene Geschichte. In den Evangelien erscheinen sie nicht. Wohl aber lesen wir im apokryphen Matthäusevangelium: »Am dritten Tage nach der Geburt unseres Herrn Jesus Christus trat die seligste Maria aus der Höhle, ging in einen Stall hinein und legte ihren Knaben in eine Krippe, und Ochs und Esel beteten ihn an. Da erfüllte sich, was durch den Propheten Jesaja verkündigt ist, der sagt: ›Der Ochse kennt seinen Herrn und der Esel die Krippe seines Herren.‹« So beteten sogar die Tiere, Ochs und Esel, ihn an, während er zwischen ihnen lag. Und der Maler deutet an: Der ganze Kosmos ist anbetend versammelt. Die Engel schweben in der Höhe, die Menschen eilen herzu, die Tiere beten an, und das Erdreich selbst wölbt sich schützend über die Stelle, an der Gott ein Mensch wurde.

Aus einem bläulichen Gewölk schwingt sich ein Engel herab, in der Hand eine Schriftrolle, auf der wir lesen: »Siehe, ich verkündige euch große Freude, die allem Volk widerfahren wird, denn geboren …« Die Fortsetzung »ist euch heute der Heiland« ist auf dem eingerollten Ende zu denken, das der Engel noch nicht ausgesprochen hat. Drei Männer, ein Hund, ein paar Schafe, vom Dunkel der Nacht bedeckt, wenden sich nach oben, woher das Licht und die Stimme kommen.

Unmittelbar darunter gerät die Szene in Bewegung. Ein Hirte, auf einem Hügel sitzend, spielt auf seiner Flöte den Schafen etwas vor, als gäbe er die Botschaft des Engels mit den Tönen seines Instruments an die Tiere weiter. Ein anderer Hirte bringt ein Lamm, Gabe zugleich und Symbol dessen, von dem gesagt wird, er sei Gottes Lamm. Der dritte Hirte musiziert auf seinem Dudelsack. Und wie oben ein Hund dem Engel entgegengesprungen war, springt hier ein Hund auf Maria zu. Wie groß die Entfernung gedacht ist, erkennen wir an den Geländeformen hinter den wandernden Hirten: Immer kleiner werdende Bäume stehen zwischen lang hingezogenen Feldern, und die Strecke zwischen dem Schaf, das rechts oben aus einem Bach trinkt, und dem Hügel, hinter dem die Stiefel des linken Hirten im Vordergrund verschwinden, ist groß.

Dass die Szene in Betlehem, von allem Tiefsinn abgesehen, natürlich und anschaulich gemeint ist, das zeigen die Ikonen häufig unter anderem mit der sehr beliebten Szene, die darstellt, wie zwei Frauen das Kind baden. In apokryphen Evangelien ist erzählt, bei der Geburt in Betlehem seien zwei Hebammen beteiligt gewesen, und sie hätten die Namen Zelomi und Salome getragen. Das will sagen: Dicscs Kind ist kein geistiges Wesen, sondern ein irdisches, leibliches, es bedarf der Pflege und der Waschung.

Auf der rechten Seite sitzt eine Frau. Ernst. Würdig. Das Kind auf dem Schoß, hält sie ihre rechte Hand in das Badewasser, um die Temperatur zu prüfen. Die jüngere Frau, wohl eine Helferin, gießt aus einem Krug vermutlich warmes Wasser nach, das sich mit dem kalten in der kelchartigen Wanne mischen soll. Damit es aber allen klar ist: dieses Kind ist das Kind der Maria, steht links neben seinem Köpfchen auf dem Gewand der älteren Frau geschrieben: IC XC »Jesus Christus«.

Links oben reiten die drei Könige durch eine dunkle Landschaft auf ihr Ziel zu. Links ein Afrikanerkönig auf einem weißen Pferd, vor ihm die beiden anderen auf braunen und schwarzen Pferden. Über ihnen zeigt die Ikone drei Engel, als sollte jedem der drei Könige besonderes Geleit durch einen Engel beigegeben sein. In einem bläulichen Wolkenring schwebt ein vierter, der mit dem Finger hinabzeigt. Der Afrikaner scheint ihn zu fragen: »Du, Engel, sage mir, wo ist denn nun der Stern?« Und der Engel scheint ihm zu antworten: »Dort!« Und er zeigt mit dem Finger den Strahl entlang, der vom Himmel herabfährt und in die Höhle trifft, wo der Stern über dem Kind aufleuchtet.

Zur klassischen Weihnachtsikone gehört noch eine Szene am Rand, die unter Umständen schwere Rätsel aufgibt. Josef, der Mann der Maria, sitzt nachdenklich auf einer bläulichen Erhebung, den Kopf in die Hand gestützt und in die Ferne schauend. Ihm gegenüber ein Mann im zottigen Mantel, mit ihm redend. Wer ist der Fremde?

Je nach Zeit und Ort der Entstehung einer Ikone erscheint er in drei Gestalten: als einer der Hirten, die kommen, um das Kind anzubeten und um auch Josef, dem das Geheimnis des Kindes noch nicht völlig gegenwärtig ist, von den Worten des Engels zu erzählen. Oder, das ist die zweite Möglichkeit: als der Prophet Jesaja, der dem zweifelnden Josef das Wort Jesaja 7,14 zuspricht, das Wort von der Jungfrau, die das göttliche Kind gebären werde. Oder auch, das ist die dritte: als der Satan, der Josef versuchen will und ihn dazu veranlassen, sich von Maria und ihrem Kind zu trennen.

Was mir zur ersten Möglichkeit, der des Hirten, nicht recht zu passen scheint, ist der Krückstock, auf den er sich stützt und der die Form eines koptischen Bischofsstabs hat. Was mir zum Satan nicht zu stimmen scheint, ist die Tatsache, dass diese Gestalt nicht böse wirkt, weder in ihrem Äußeren noch in ihrem Ausdruck. Auch scheint Josef auf dieser Ikone nicht in Zweifeln zu versinken. Er blickt wach, freundlich, zuversichtlich, als sei in ihm eine unbeschreibliche Klarheit, an der niemand etwas zerstören könne.

Dazu stimmt, dass Josef auf einem Baumstumpf sitzt. Der aber ist in der Sprache der Ikonen der abgehauene Stamm Isais, aus dem nun ein junger Trieb wachsen soll. Denn neben Josefs rechtem Fuß liegt noch die Axt. Danach ist der Fremde im zottigen Mantel der Prophet Jesaja, der eben zu Josef spricht: »Das habe ich schon vor siebenhundert Jahren vorausgesagt: ›Es wird ein Reis hervorgehen aus dem Stamm Isais, ein Zweig aus seiner Wurzel wird Frucht bringen.‹ Und: ›Eine Jungfrau wird empfangen und einen Sohn gebären, dessen Name wird sein Immanuel: Gott mit uns.‹« Und Josef nimmt das Wort auf und hat von da an seinen Zweifel hinter sich.

Schön ist an den alten Ikonen, dass sie nicht den Anschein erwecken, als lebten die dargestellten Personen in einer himmlischen Welt und hätten mit der Angst und dem Zweifel ihrer Zeitgenossen oder späterer Generationen nichts zu schaffen. Der angefochtene Josef ist mit dabei und mit ihm wir alle, die des immer neuen Wortes bedürfen, um glauben zu können.

> Als die Hirten zu ihren Schafen auf den Hügeln
> zurückkehren mussten
> (Auch der jüngste Hirt, Nathanael, jener, der so gerne
> bei den dreien geblieben wäre, um das Kind zu schützen,
> Auch er ging, obgleich zögernd). –
> Als alle, wer immer es war, alle fortgegangen waren
> und das Gesumm der Anbetung erloschen,
> als nur noch der Himmel, Nacht und Sterne
> mit der Erde über das Ereignis sprachen, ging ich.
> Ja, auch ich ging dorthin, zurückhaltend, ich gestehe es:
> aber ich ging.

Durch Schnee wanderte ich,
der dem kalten Schnee von Russland glich, vor Jahren,
über Felder, die vor nicht langer Zeit sich
gehoben hatten in riesigen Zuckungen,
durch die Vorräume, Kammern und Hallen der Zeit ging ich,
durch viele Stimmen, an vielen Gesichtern vorbei,
als ich in die Stille trat, als ich zum Stall kam im Morgengrauen.
Er hatte sich nicht verändert.
Nein, nichts hatte sich verändert.
Dann stand ich im Schatten der Hütte und sah hinein,
um zu sehen, was die Könige und Hirten gesehen hatten,
nicht weniger, nicht mehr.
Ich konnte die beiden erblicken, sie schliefen nun.
Wie seltsam: sie glichen meinen Eltern,
wie ich sie von verblichenen Bildern kannte.
Ich sah das Kind. Auch das Kind schlief.
Wie erstaunlich: Es glich dem Kinde meiner Nachbarn.

VERFASSER UNBEKANNT

Die Geschichte vom Engel, der nicht singen wollte

WERNER REISER

Als die Menge der himmlischen Heerscharen über den Feldern von Betlehem jubelte »Ehre sei Gott in der Höhe und Friede den Menschen auf Erden«, hörte ein kleiner Engel plötzlich auf zu singen. Obwohl er im unendlichen Chor nur eine kleine Stimme war, machte sich sein Schweigen doch bemerkbar. Die Sänger neben ihm stutzten und setzten ebenfalls aus. Das Schweigen pflanzte sich rasch fort und hätte beinahe den ganzen Chor ins Wanken gebracht, wenn nicht einige unbeirrbare Großengel mit kräftigem Anschwellen der Stimmen den Zusammenbruch des Gesanges verhindert hätten. Einer von ihnen ging dem gefährlichen Schweigen nach. Mit bewährtem Kopfnicken ordnete er das weitere Singen in der Umgebung und wandte sich dem kleinen Engel zu.

»Warum willst du nicht singen?« fragte er ihn streng. Er antwortete: »Ich wollte ja singen. Ich habe meinen Part gesungen bis zum ›Ehre sei Gott in der Höhe‹, aber als dann das mit dem ›Frieden auf Erden unter den Menschen‹ kam, konnte ich nicht mehr weiter mitsingen. Auf einmal sah ich die vielen Soldaten in diesem Land und in allen Ländern. Immer und überall verbreiten sie Krieg und Schrecken, bringen Junge und Alte um, und das nennen sie Frieden. Und auch wo nicht Soldaten sind, herrschen Streit und Gewalt, fliegen Fäuste und böse Worte zwischen den Menschen und regiert die Bitterkeit gegen Andersdenkende. Es ist nicht wahr, dass auf Erden Friede unter den Menschen ist, und ich singe nicht gegen meine Überzeugung! Ich merke doch den Unterschied zwischen dem, was wir singen, und dem, was auf Erden ist. Er ist für mein Empfinden zu groß, und ich halte diese Spannung nicht länger aus!«

Der große Engel schaute ihn lange schweigend an. Er sah wie abwesend aus. Es war, als ob er auf eine höhere Weisung lauschen würde. Dann nickte er und begann zu reden: »Gut, du leidest am Zwiespalt zwischen Himmel und Erde, zwischen der Höhe und der Tiefe. So wisse denn, dass in dieser Nacht eben dieser Zwiespalt überbrückt wurde. Dieses Kind, das geboren wurde und um dessen Zukunft du dir Sorgen machst, soll unseren Frieden in die Welt bringen. Gott gibt in dieser Nacht seinen Frieden allen und will auch den Streit der Menschen gegen ihn beenden. Deshalb singen wir, auch wenn die Menschen dieses Geheimnis mit all seinen Auswirkungen noch nicht hören und verstehen. Wir übertönen mit unserem Gesang nicht den Zwiespalt, wie du meinst. Wir singen das neue Lied.«

Der kleine Engel rief: »Wenn das so ist, singe ich gerne weiter!« Der große schüttelte den Kopf und sprach: »Du wirst nicht mitsingen. Du wirst einen anderen Dienst übernehmen. Du wirst nicht mit uns in die Höhe zurückkehren. Du wirst von heute an den Frieden Gottes und dieses Kindes zu den Menschen tragen. Tag und Nacht wirst du unterwegs sein. Du sollst an ihre Häuser pochen und ihnen die Sehnsucht nach ihm in die Herzen legen. Du musst bei ihren trotzigen und langwierigen Verhandlungen dabeisein und mitten ins Gewirr der Meinungen und Drohungen deine Gedanken fallen lassen. Du musst ihre heuchlerischen Worte aufdecken und die anderen gegen die falschen Töne misstrauisch machen. Sie werden dir die Türe weisen, aber du wirst auf der Schwelle sitzenbleiben und hartnäckig warten. Du musst die Unschuldigen unter deine Flügel nehmen und ihr Geschrei an uns weiterleiten.

Du wirst nichts zu singen haben, du wirst viel zu weinen und zu klagen haben. Du hast es so gewollt. Du liebst die Wahrheit mehr als das Gotteslob. Dieses Merkmal deines Wesens wird nun zu deinem Auftrag. Und nun geh. Unser Gesang wird dich begleiten, damit du nie vergissest, dass der Friede in dieser Nacht zur Welt gekommen ist.«

Der kleine Engel war unter diesen Worten zuerst noch kleiner, dann aber immer größer und größer geworden, ohne dass er es selber merkte. Er setzte seinen Fuß auf die Felder von Betlehem. Er wanderte mit den Hirten zu dem Kind in der Krippe und öffnete ihnen die Herzen, dass sie verstanden, was sie sahen. Dann ging er in die weite Welt und begann zu wirken. Angefochten und immer neue verwundet, tut er seither seinen Dienst und sorgt dafür, dass die Sehnsucht nach dem Frieden nie mehr verschwindet, sondern wächst, Menschen beunruhigt und dazu antreibt, Frieden zu suchen und zu schaffen. Wer sich ihm öffnet und ihm hilft, hört plötzlich wie von ferne einen Gesang, der ihn ermutigt, das Werk des Friedens unter den Menschen weiterzuführen.

Es gibt große Träume. Träume, die uns hinausführen über alles, was wir sehen und erfahren. Träume von einer künftigen Welt. Und Träume von einem künftigen Menschen. Ich habe selbst einige erfahren. Mir geschah es, dass jemand wusste, was tausend Kilometer von ihm entfernt geschah. Oder dass einer am Morgen klar wusste, was am Abend geschehen würde, obwohl sich nichts ankündigte. Da zeigt sich mitten im Gewirre dessen, was geschieht, ein roter Faden, der scheinbar Auseinanderfallendes als Einheit sichtbar macht. Oder es geschieht, dass ein Mensch zwischen allen seinen Zweifeln an sich selbst eine seltsame Stimmigkeit dessen, was in ihm ist, entdeckt. Oder dass ihn plötzlich ein nichtbegründbares Vertrauen erfüllt, das alle Befürchtungen wie wegwischt, oder eine von innen aufquellende Dankbarkeit mitten in einer scheinbar heillosen Situation.

Wer aber solche Erfahrungen nicht gelten lassen will, wird sehr darauf achten müssen, dass er nicht, was ihm fern ist, aus den Augen verliert. Dass er nicht die Zukunft, die alles verändernde, versäumt. Wirklichkeit entsteht aus Träumen. Und wenn mir einer sagen würde, die Hirten hätten nur geträumt, was sie in Betlehem erzählten, so würde ich noch lange sagen: Was für ein guter Traum! Und wieviel Wahrheit in ihnen über das, was aus ihnen, den Menschen von den Feldern, und aus ihrer ganzen Welt werden kann und soll!

Sind wir nicht auch unter Christen durch lange Zeiten zu misstrauisch gewesen allem gegenüber, was uns als Traum oder Schau oder Wunder begegnen will? Und wird es nicht hohe Zeit, hinter das Vordergründige zu schauen? Die Kräfte aufzunehmen, die das Evangelium als »Geist Gottes« beschreibt? Denn wir sind weniger eingegrenzt durch die schmalen Fähigkeiten unseres Verstandes als wir meinen. Wir sind reicher, und auch für uns sind Begegnungen vorgesehen mit einer Wirklichkeit, die »höher ist als alle Vernunft«.

Dämmerung gab es so nah dem Äquator kaum. Schnell war die Nacht da: die königlich glänzende, vollkommene Nacht. Sie war es, nicht der Tag, die die flatternde Seele erquickte. Nun sank Weisheit hernieder, Ordnung, Vielfalt und Trost. Ich setzte mich in den Eingang des Zelts. Nichts auf der Welt schien bedeutend zu sein, nur dieses Schauspiel abbrennender Sterne: Milchstraßensysteme. Mich ergriff, dass die moderne Physik sich noch des einfältigen Bildes der Milchstraße bediente. Inmitten getürmter Mathematik steht nun dieses Kind, dessen Milchkrug zerbrach. – Ich lag im Sand und starrte in die Sternenräume hinauf. Denn die Sterne muss man im Liegen betrachten, die Horizonte müssen versunken sein. Das Theater der lodernden Feuer zog da vorbei, jede allnächtliche Nacht wie Musik. Wenn sich die Bilder zum Zenit erhoben, schwoll es zu mächtiger Stärke heran; wenn sie sich zum Untergang neigten, schwanden die Harmonien dahin. Stunden um Stunden starrte ich so. Die Zeit rann durch mich hindurch. Schon lebe ich wieder, ohne dass mich Nacht für Nacht dieser Sternen-Anblick ernährt. Ich glaubte damals, es nie mehr entbehren zu können. Und ich kann es nicht und bin ärmer geworden. Ich begann die einzelnen Himmelsbilder zu lieben: den fliegenden Schwan, den wilden Orion. Bilder sind das einzige, wodurch das Unfassbare zu uns spricht. Helfen uns etwa Gedanken? Die Seele ernährt sich von Bildern. Es lässt sich wohl denken, dass es den Menschen verändert, wenn er Nacht für Nacht dieses himmlische Bilderbuch sieht. Die großen Religionen der Welt sind alle aus den Wüsten geboren. Das heißt aus den Nächten der Wüste.
ERHART KÄSTNER

100

Die Reise nach dem Stern 6

Noch eine weitere Spiegelung unseres eigenen, inneren Menschen wird in der Weihnachtsgeschichte sichtbar. Drei weise Männer aus dem Osten reisen einem Stern nach und finden dabei das Kind in der Krippe. Sie wandern der Sternkonjunktion nach, die in jenen Tagen stattfand und die ihnen sagte: In Judäa muss ein besonderer, ein großer König geboren sein. Aber es blieb nicht bei den Sterndeutern. Sie verwandeln sich im Lauf der Jahrhunderte der alten Kirche unmerklich in Könige. Und die alten Krippenspiele wie das schon genannte aus Oberufer gaben den Bauern und Handwerkern ihrer Zeit die überwältigende Chance, für eine kurze Stunde einen König zu spielen: nicht einen kleinen, bedeutungslosen Dorfbewohner, sondern einen König.

Vielleicht gaben die Worte des Psalms die Anregung, aus Magiern Könige zu machen:

> Um Jerusalems willen
> werden dir Könige Geschenke bringen.
> Aus Ägypten werden Gesandte kommen,
> Mohrenland wird seine Hände ausstrecken
> nach Gott.
> PSALM 68,30-32

Oder die andere Stelle:

> Vor ihm sollen sich neigen die Söhne der Wüste,
> die Könige von Tarsis und auf den Inseln
> sollen Geschenke bringen.

Die Könige aus Saba und Scheba
sollen Gaben senden.
Er soll leben und man soll ihm darbringen
vom Golde aus Saba.
PSALM 72,9-15

Wenn das sagenhaft reiche Saba Afrika ist, so bringt also ein Afrikanerkönig das Gold. Und wenn es Könige sind – warum soll dann nicht die ganze Farbenpracht und Gewänderfülle orientalischer Fürsten in den Stall einziehen, warum soll die Anbetung des Kindes durch die Könige nicht etwas vom Zeremoniell eines Staatsaktes erhalten? Warum soll die Herrschaft des Christkindes nicht mitten in der Armut seines Stalles im Kontrast zu den Herrschern, die ihm dienen, aufleuchten?

Wer sich bewusst ist, dass die Heiligen Drei Könige die Kinder einer frommen, bilderreichen Phantasie sind, der wird sie als Gleichnisse verstehen. Und ihre Wahrheit wird die eines Gleichnisses sein.

Denn wenn sich im Kind das Innerste unserer eigenen Seele spiegelt, so spiegelt sich in der Weisheit der Weisen unser eigener, auf das Kind hin denkender Geist. Und es spiegelt sich in der Herrlichkeit und Pracht der Könige unsere Berufung zu neuen, schönen, das Bild Gottes wiedergebenden Menschen. In der Reise nach Betlehem aber erscheint das Bild unseres eigenen Lebensweges, der ein Ziel hat: nämlich das Heilszeichen eines Sterns.

In den künftigen Tagen wird der Berg,
auf dem Gottes Haus steht,
höher ragen als alle Berge menschlicher Macht.
Die Völker werden kommen und sagen:
Lasst uns zu Gott hineilen, dass er uns zeige,
wie wir leben und seinen Willen erfüllen sollen.
Denn von ihm wird die Weisung kommen,
und die Völker in den fernen Ländern
werden seinen Willen erkennen.
Sie werden ihre Schwerter zu Pflugscharen
und ihre Spieße zu Sicheln machen.
Kein Volk wird gegen das andere das Schwert erheben,
und sie werden nicht mehr lernen, wie man Krieg führt.
JESAJA 2,2-4

Wir sind mit unsrer Königsmacht
schwermütig hergeritten.
Es schneite auf uns Tag und Nacht,
auf Mann und Pferd und Schlitten.

Die Tür geht auf, es summt der Wind,
wir beugen unsern Rücken,
da wir das zauberische Kind
im Dämmerlicht erblicken.

Hier ist das Gold, der Weihrauch hier,
und hier, o Kind, die Myrrhen.
Du lächelst, und schon fühlen wir,
wie wir uns ganz verwirren.

Wir haben anders dich geglaubt.
Nun treten wir ins Dunkel
und heben ab von unserm Haupt
der Kronen Goldgefunkel.

Das Wissen von der bunten Welt,
vom Meer und seinen Häfen,
von Mond und Stern am Himmelszelt,
wir streifen's von den Schläfen.

Das Ich, das trotzig sich erschuf
über den andern allen,
will nun wie ein verlorner Ruf
im Innersten verhallen.

Wir neigen unsers Alters Gram
auf deine kleinen Hände:
und in dem Neigen wundersam
geht alle Not zu Ende.

Die Pferde draußen schütteln sich
und klirren mit den Glocken.
Und lautlos fallen Strich an Strich
darüberhin die Flocken.

MANFRED HAUSMANN

Die Ruine einer Kapelle steht auf freiem Feld, oder, wie andere meinen, ein unfertiger Neubau, notdürftig mit Stroh gedeckt. Die Heilige Familie ist darin versammelt. Der Blick reicht über Wiesen und Buschwerk zu einer Stadt, die sich über die Hügel hinbreitet. Eine Straße führt vor einem Bauernhaus vorbei durch die Mitte des linken Fensters. Aber im ganzen, reichen Hintergrund ist nichts, das wichtig wäre; auch der Reiter auf der Straße ist nur ein Stück stiller Landschaft. Wichtig ist allein der festliche Zug der fremden Könige, und mit ihnen sind es die übrigen Menschen, die ins Haus drängen.

Im dunkelblauen Kleid, wie man seit alter Zeit die Himmelskönigin darzustellen pflegt, sitzt Maria, das Gesicht dem Kind zugewandt. Mit zartem Respekt nimmt der alte König das Händchen, um es an die Lippen zu führen. Die prächtige Kopfbedeckung liegt auf der Erde, und in der üppigen Pracht der Fürsten des burgundischen Hofes kniet er, huldigend, anbetend.

Es hat durchaus seinen eigenen Sinn, dass wir diese alten Weihnachtsbilder anschauen, und sei es nur, damit wir die Geste des Kniens nicht ganz vergessen. Wir reden heute lieber vom aufrechten Gang des Menschen, und es ist gut, dass wir das tun. Die Herrschaft von Menschen kann kein Grund für Menschen sein, sich zu beugen oder gar auf die Knie zu gehen. Aber vielleicht finden wir darum keine wirkliche Freiheit, weil zur Freiheit des aufrechten Menschen die Fähigkeit und der Wille gehören, sich vor dem zu beugen, der höher und wichtiger ist als die eigene aufrechte Gestalt. Wenn wir uns beugen, drücken wir aus, dass da jemand ist, dem wir die höhere Würde zuerkennen als uns selbst. Es wäre für den aufrechten Menschen von heute ein Weg zur geistigen Heilung und Gesundung, wieder anbeten zu lernen, denn er könnte beginnen, mit

Rogier van der Weyden, Anbetung der Könige

seinem aufrechten Gang nicht seine Anmaßung, sondern eine Wahrheit auszudrücken.

Man hat gesagt, Rogier habe in seinen drei Königen die drei Lebensalter schildern wollen, und sicherlich schwingt ein solcher Gedanke mit. So nähert sich hinter der würdigen Gestalt des ersten Königs, den wir vor dem Kind knien sahen, ein zweiter, um es dem ersten gleichzutun. In den Händen trägt dieser König ein kostbares Gefäß. Aber die Hände halten das Geschenk nicht fest. Leicht und lose liegen die Finger darum und berühren sich mit den Spitzen. Es ist die Handbewegung nicht eines Menschen, der etwas hat und festhält, sondern eines, der anbetet. Das Gesicht spricht nicht nur davon, hier sei ein Mensch, der Kraft und Zucht genug habe, um herrschen zu können; es ist vor allem erfüllt von der Sorge, ob er diese Herrschaft im Sinne und nach dem Willen dieses Kindes ausüben könne. Der König scheint zu wissen, dass alle Herrschaft von Gott ist, und wenn er betet, scheint er um die Vollmacht und den Frieden zu bitten, den dieses Kind auch dem Mächtigen, auch dem Verantwortlichen zu geben vermag.

Der dritte und jüngste König tritt mit der Forschheit und Energie eines Menschen auf, der sein Werk noch vor sich hat und bereit ist, es anzufassen, und vermutlich hat ein Mensch wie er noch den weitesten Weg von den dreien bis dahin, dass er das Besondere dieses Kindes versteht.

Man vermutet, in diesem jungen Mann, der sich so lebendig bewegt, habe Rogier van der Weyden Karl den Kühnen von Burgund abgebildet, an dessen Hof er aus- und einging. Dafür spricht die Lebhaftigkeit, mit der diese Gestalt sich von den anderen Gestalten abhebt, die bei aller Genauigkeit und Ausdruckskraft ihrer Gesichtszüge doch vor allem bestimmte Typen repräsentieren. Hier steht ein wirklicher junger Mann in seinem reich bestickten und mit Hermelin besetzten Gewand. Ein schwer mit Gold beschlagenes Schwert orientalischen Stils hängt an seiner Seite. Mit der rechten Hand nimmt er eben die mit Pelz besetzte Krone ab, um sie dem Diener zu übergeben, ehe er sich dem Kind nähert, und aus der Hand des Dieners nimmt er sein Geschenk für das Kind, ein kostbares Gefäß, entgegen.

Aber das Bild deckt einen tiefen, inneren Widerspruch auf. Da kniet vor dem Kind der alte Mann. Mit einer ungemein zarten Geste nimmt er dessen Füßchen auf seine Hand und führt mit der Rechten das Händchen an seinen Mund. Das Kind aber blickt mit wachen, aufmerksamen Augen an dem König vorbei, als ob es sagen wollte: Du verwechselst mich. Aber indem es an ihm vorbeisieht, nimmt es seine Huldigung an.

Hinter dem Köpfchen, schwach sichtbar, hat der Maler ein paar Strahlen in Kreuzform angedeutet, um damit zu sagen: In dem armen Leben, das auf diese Kindheit folgt, wird klar, wer Gott ist. Der von Gott Kommende herrscht nicht, sondern stirbt unter der Schuld der Menschheit, um die Menschen von ihrer Schuld und ihrem Unglauben zu lösen.

Das Bild der Anbetung der Könige hat einen seltsamen Fluchtpunkt. Gibt man sich lange genug dem Linienspiel, den Farbflächen und dem Ineinander der verschiedenen Räume hin, gelangen die Augen immer wieder wie von selbst an einen bestimmten Punkt, als meine alles auf diesem Bild nur diesen einen Punkt.

Der Stock, den Josef in der Hand hält, deutet dorthin. Das Schwert des jungen Königs schwingt auf diesen Punkt zu. Der doppelte Mantelsaum des alten Königs, Fuß, Knie, Hand und Goldgefäß des mittleren Königs oder der Hals des Esels lenken auf diese Stelle in der Mitte des Bildes hin. Und diese Linien schneiden sich mit dem Horizont, vor dem die Stadt sich hinbreitet, und den Arkadenbögen der Kapelle. An diesem Punkt hängt ein kleines, kaum auffallendes Kruzifix am Mittelpfeiler über Maria, dem Kind und dem ersten König, als handle es sich hier nicht um Weihnachten, als sei hier nicht das Kind Jesus, sondern der leidende Christus, und als könne man das alles so ineinandersehen: die Weihnacht und den Karfreitag. – Was bedeutet das?

Es ist wahrscheinlich, dass die Christenheit Weihnachten erst wieder verstehen wird, wenn sie der Romantik, dem Zauber und den frommen Träumereien einmal gründlich Lebewohl gesagt haben wird.

Die Menschen Rogier van der Weydens stehen oder knien ernst und gesammelt. Ihre Gesichter blicken streng und fast asketisch, in merkwürdigem Gegensatz zu der festlichen, prächtigen Kulisse und all ihrem Pomp und Zeremoniell. Auch Maria und das Kind wirken nicht freundlich oder lieblich, sie schauen nach innen, als ob sie eine drückend schwere Zukunft erahnten.

Alle aber, die Familie, die Könige und die Menschen im Hintergrund, schauen seltsam fremd aneinander vorbei. Der schwarzgekleidete Stifter links blickt auf den roten Umhang des Josef; Josef schaut an den Königen vorbei ins Leere. Und die beiden Könige vorn? Auch ihre Gesichter wenden sich mehr nach innen als dem Kinde zu. Die drei Gesichter im Torbogen des rechten Hintergrunds blicken irgendwohin, der eine davon zum Betrachter des Bildes. Und das Kind selbst schaut an dem König, der es grüßt, vorbei, als sähe es ihn nicht. Etwas Rätselhaftes liegt über der Szene. Irgendeinen Widerspruch schildert der Maler, irgendeine Einsicht will er vermitteln, die dem prächtigen Auftritt eine ganz andere Bedeutung gibt.

Wen trafen die Könige denn an? Eine Königin? Nein. Eine junge Frau, so arm, so rechtlos und so ungesichert wie Tausende anderer junger Frauen, die wie sie damals auf Befehl der Römer unterwegs waren. Und was die Maler in Farbe und Gestalt so schön darstellen, das ist dem äußeren Auge unsichtbar. Das ist ein Reichtum, der geglaubt werden muss. Ein Königskind, das sie mit der Geste eines Herrschers begrüßt? Nein. Ein armer, kleiner Säugling war da, schlafend oder trinkend wie alle Säuglinge jener Zeit und aller Zeiten. Und die Würde des kleinen Kindes war verborgen und musste wie die seiner Mutter geglaubt werden.

Und wenn sie dreißig Jahre später gekommen wären und hätten ihren König besucht, dann hätten sie einen Wanderprediger getroffen, der von Pracht und Glanz gar nichts hielt. Und vielleicht hätten sie sich geärgert, wenn sie seine Reden gehört hätten, etwa sein hartes Urteil über die Könige dieser Erde:

> Ihr wisst, wie es zugeht.
> Die Fürsten regieren ihre Völker zugrunde,
> die Machthaber halten sie unter der Peitsche.
> Wer aber unter euch herrschen will,
> soll euer aller Knecht sein.
> Denn ich bin nicht gekommen,
> damit man mir dient,
> ich bin da, um mich wie ein Knecht zu verbrauchen,
> wie man Lösegeld hinwirft,
> mit dem man Sklaven freikauft.
> MATTHÄUS 20,25-28

Es scheint, Rogier van der Weyden erwarte, dass seine drei Könige, wenn ihnen das Kruzifix an der Wand die weitere Lebensgeschichte des Kindes erzählen würde, erschrocken aufstehen und ratlos und verdrossen nach Hause reiten würden.

Mit dem Kruzifixus am Mittelpfeiler will der Maler sagen: Täuscht euch nicht. Ihr seht hier drei Könige, die ihre Pracht und Herrlichkeit aufwenden, um ein Kind zu grüßen, weil sie in ihm einen König der Könige sehen und von ihm die Bestätigung und Festigung ihrer Herrschaft erwarten. Aber wahrscheinlich würden auch sie in ihrer Huldigung unsicher vor jenem Jesus von Nazaret, der von Pracht und Glanz so gar nichts hielt und der keinem König irgendeine Legitimation verschaffte.

Denn der König, den sie hier vor sich hatten, hat ja seinen Reichtum abgelegt, als er ein Mensch wurde, und als er erwachsen war, ging er wehrlos mitten unter die Menschen, um sie zu lieben, wie entehrend und wie tödlich dieses Unternehmen immer ausgehen mochte. Auch die Könige, die ihm so viel zu bringen hatten, hätten ihm später nur noch ihren Glauben und ihren Unglauben bringen können, ihre Liebe und ihre Schuld. Vielleicht hätte der schöne König zur Rechten so traurig von dannen gehen müssen wie der reiche junge Mann aus dem Evangelium, wenn Jesus ihm gesagt hätte: »Verkaufe alles, was du hast, und gibt es den Armen und komm und folge mir nach« (Matthäus 19,21). Seine und seiner königlichen Freunde Aufgabe wäre die aller gewesen, die Christus ihr Leben hingeben wollen, nämlich der Gestalt des Gekreuzigten ähnlicher zu werden, ihm im Erdulden des Leides näher zu kommen. Auf irgendeine Weise.

Der erwachsene Jesus von Nazaret gebot den Seinen, dem Bösen keinen Widerstand entgegenzusetzen. »Wenn dich jemand auf die rechte Backe schlägt, dann biete ihm auch die andere.« Macht ist nach Jesus Christus eine ganz und gar zwiespältige Sache. Sie ist nötig, gewiss. Sie verlangt verantwortlichen Gebrauch, gewiss. Sie muss durch andere Gewalt begrenzt und kontrolliert werden. Sie muss mit dem Recht und der Würde des Menschen in Einklang gebracht werden. Aber sie ist und bleibt tief gefährdet und der Mensch mit ihr. Wer sie gegen das Böse anwendet, wird leicht selbst ein Instrument des Bösen, ohne sich dessen bewusst zu werden. Wer sein eigenes Herz kennt, das so gerne und so viel vom Guten träumt und nicht weiß, ob es nicht in Wahrheit ein Instrument des Bösen ebenso wie des Guten ist, versteht, warum Jesus zum Verzicht auf Gewalt rät und warum dies der göttlichere, das heißt aber auch der menschlichere Weg ist.

Wieder findet der eigentümliche Tausch statt, der Weihnachten ausmacht: Da kommt Gott zu uns in einem wehrlosen Menschen und nimmt an der tiefen Gefährdung teil, in der der Mensch zwischen dem Guten und dem Bösen steht. Da verleiht Gott dem Menschen, der sich ihm anvertraut, eine Überlegenheit über alle Gewalt, die durch nichts anderes gewonnen werden kann. Und da drückt der mit solcher Überlegenheit beschenkte Mensch seine Dankbarkeit in der Demut aus, die sagt: Ich kann nichts gegen das Böse. Steh du mir bei.

»Sie taten ihre Schätze auf«, heißt es von den drei Weisen aus dem Morgenland. Was konnten sie dem Kind schenken? Ihr Gold, gewiss. Ihren Reichtum, ihre Macht. Ihren Weihrauch konnten sie geben. Die Weihe, die sie ihrer Weisheit oder Frömmigkeit verleihen konnten. Ihre Myrrhe konnten sie schenken. Ihre Bereitschaft zum Leiden und zum Opfer. Es gab seitdem in der Tat Zeiten, in denen die Menschen dem Kind ihr Gold schenkten: Herrschaft, Reichtum und Macht. Das heißt: Zeiten, in denen Christus für die Christenheit in erster Linie der Herrscher war, der im Himmel thronte und der den Herrschern auf der Erde ihre Legitimation gab. Es gab andere Zeiten, in denen die Christen dem Kind Weihrauch opferten: Frömmigkeit, Hingabe, Demut, Gebet, wie man sie dem heiligen Gott selbst darzubringen pflegte, in denen sie in Christus also vor allen Dingen den himmlischen Priester sahen. Vielleicht leben wir in einer Zeit, in der wir vor allem unsere Aktivität bringen und meinen, mit ihr ehrten wir Christus. Wir arbeiten und wirken für die Welt und für die Menschen und für die Kirche. Aber vielleicht wäre unser Teil die Myrrhe, das Zeichen des Opfers, des Leidens und der Hingabe.

Denn die Vollkommenheit des Menschen liegt darin, dass er erkennt, was ihm wirklich fehlt: nämlich die Fähigkeit des Mannes von Nazaret, herabzusteigen von allen Höhen der Macht und der Ehre, des Reichtums und der Herrschaft, und das Leiden zu übernehmen, das dem Demütigen immer und immer wieder bevorsteht.

So kann Carlyle sagen:

Ich glaube, dass der Prüfstein eines wirklichen großen Mannes die Demut ist. Darunter verstehe ich nicht Zweifel an der eigenen Kraft, sondern ein Fühlen, dass die Größe nicht in ihm, sondern durch ihn ist; – dass er nichts anderes tun oder sein kann, als was Gott ihn tun oder sein lässt.

Es ist derselbe scheinbare Widerspruch, den Jakob Lorenz so formuliert:
Die Dinge wachsen dir nie über den Kopf,
wenn du ihn nicht zu hoch trägst.

Die drei Könige

Es führt drei König Gottes Hand
mit seinem Stern aus Morgenland
zum Christkind durch Jerusalem,
in einen Stall nach Betlehem.
Gott, führ uns auch zu diesem Kind,
mach uns zu seinem Hofgesind.

Der Stern war groß und wunderschön,
im Stern ein Kind mit seiner Kron,
ein gülden Kreuz sein Zepter war
und alles wie die Sonne klar.
O Gott, erleucht' vom Himmel fern
die ganze Welt mit diesem Stern.

Aus Morgenland in aller Eil',
kaum dreizehn Tag, viel hundert Meil',
bergauf, bergab durch Reif und Schnee
Gott suchten sie durch Meer und See.
Zu dir, o Gott, kein Pilgerfahrt,
noch Weg, noch Steg lass werden hart.

Herodes sie kein' Uhr noch Stund'
in seinem Hof aufhalten kunnt.
Des Königs Hof sie lassen stehn;
geschwind, geschwind zur Krippe gehn!
Gott, lass uns auch nichts halten ab
vom guten Weg bis zu dem Grab!

Sobald sie kamen zu dem Stall,
auf ihre Knie sie fielen all,
dem Kind sie brachten alle drei
Gold, Weihrauch, Myrrhen, Spezerei.
O Gott, nimm auch von uns für gut
Herz, Leib und Seel, Gut, Ehr und Blut.

Maria hieß sie willkommen fein,
legt ihnen ihr Kind ins Herz hinein:
das war ihre Zehrung auf dem Weg
und frei Geleit durch Weg und Steg.
Gott, gib uns auch das Himmelsbrot
im letzten Zug, zur letzten Not!
DICHTER UNBEKANNT

Die Geschichte von jenen drei Königen oder Weisen aus dem Osten und ihre Faszination durch einen Stern hat viele Gegengeschichten, in denen die Wahrheit menschlicher Wege erzählt wird, ihre Faszination durch ein dunkles, ein unwahres, ein täuschendes Ziel. So erzählt der italienische Dichter Dino Buzzati, der, von Kafka beeinflusst, das Schicksal von Menschen in einem leicht hingeworfenen Widerspruch zwischen Realismus und Absurdität schildert, in seiner Erzählung »Der Colombre« die lebenslange Faszination eines Menschen durch eine dunkle, gefährliche und verlockende Macht und ein Ende, das zugleich eine Tragödie anzeigt und ein sinnlos vertanes Leben.

Der Colombre

DINO BUZZATI

Zu seinem zwölften Geburtstag wünschte sich Stefan Roi von seinem Vater die Erlaubnis, ihn auf seinem schönen Segelschiff begleiten zu dürfen. »Wenn ich groß bin«, sagte er, »will ich auch zur See fahren und noch größere und noch schönere Schiffe befehlen als du.« »Gott segne dich, mein Junge«, antwortete der Vater. Und da sein Schiff gerade an diesem Tage segeln sollte, nahm er den Knaben mit an Bord. Es war ein wundervoller sonniger Tag und das Meer ruhig. Stefan, der noch nie auf einem Schiff gewesen, lief glücklich auf Deck umher, bewunderte die komplizierten Manöver mit den Segeln und befragte die Matrosen, die ihm lächelnd alle gewünschten Erklärungen gaben.

Als er aber das Heck erreichte, blieb er erstaunt stehen, weil er da im Kielwasser, auf zwei-, dreihundert Meter Entfernung, ein Ding sah, das abwechselnd auf- und niedertauchte.

Obwohl das Schiff jetzt, von einem wundervollen Wind getrieben, dahineilte, hielt das Ding doch immer dieselbe Entfernung, und obwohl er nicht verstand, worum es sich eigentlich handelte, machte es ihm den Eindruck von etwas Undefinierbarem, das ihn außergewöhnlich anzog.

Der Vater, der Stefan nicht mehr sah und auf sein lautes Rufen keine Antwort erhielt, stieg von der Kommandobrücke, um ihn zu suchen. »Was machst du denn da?«, fragte er, als er ihn endlich am Heck, den Blick auf die Wellen gerichtet, entdeckte.

»Papa, komm her und sieh!«

Der Vater näherte sich und schaute in die von dem Jungen angegebene Richtung, aber ohne dass er etwas Besonderes entdecken konnte.

»Dort, etwas Dunkles im Kielwasser, das auf- und niedertaucht.« »Trotz meiner vierzig Jahre«, antwortete der Vater, »glaube ich noch gut sehen zu können, aber ich kann wirklich nichts erblicken.«

Doch als der Sohn darauf bestand, holte er sein Fernglas und suchte die Oberfläche des Meeres ab. Stefan sah, wie er plötzlich erbleichte. »Was ist? Warum machst du so ein Gesicht?«

»Ach, hätte ich nur nicht auf dich gehört«, rief der Kapitän aus, »nun muss ich Angst um dich haben. Das, was du da im Wasser auftauchen und uns folgen siehst, ist kein Ding: das ist ein Colombre, der Fisch, den die Matrosen über alles fürchten. Ein schrecklicher und geheimnisvoller Wal und schlauer als die Menschen. Aus Gründen, die niemand je erfahren wird, wählt er sich sein Opfer aus, folgt ihm durch Jahre und Jahre, oft ein ganzes Leben lang, bis es ihm gelingt, es zu verschlingen. Und das Seltsame ist, dass niemand, außer dem Opfer selbst oder dessen Anverwandten, ihn zu erblicken vermag.«

»Ist es nicht eine Legende?«

»Nein, ich habe ihn zwar nie gesehen, aber dank den Beschreibungen, die ich oft von ihm bekam, habe ich ihn jetzt auf den ersten Blick erkannt. Die Schnauze, die an einen Bison erinnert, das Maul, das sich ständig öffnet und schließt, diese schrecklichen Zähne. Es besteht kein Zweifel, Stefan: der Colombre hat dich als Opfer ausgewählt, und wenn du auf dem Meer fahren wirst, wird er dir keine Ruhe mehr lassen. Höre also auf meinen Rat: Geh sofort an Land und verlasse nie mehr den festen Boden, du musst es mir versprechen! Das Seehandwerk ist nichts für dich, du musst dich damit abfinden, und auf dem Land kann man ja ebenso gut sein Glück machen.«

Nachdem er so gesprochen, ließ er sofort den Kurs wechseln, kehrte in den Hafen zurück und schiffte den Jungen wieder aus, indem er als Grund ein plötzliches Unwohlsein angab. Dann segelte er ohne ihn davon.

Verstört blieb der Knabe am Ufer zurück und schaute dem Schiff nach, bis auch die letzte Mastspitze am Horizont verschwunden war. Jenseits der Mole, die den Hafen abschloss, blieb das Meer nun vollständig leer. Aber indem er seinen Blick schärfte, gelang es Stefan, einen winzigen schwarzen Punkt zu entdecken, der im Wasser auf- und niedertauchte Es war »sein« Colombre, der langsam hin und her schwamm, beharrlich auf ihn wartend.

Von da ab wurde alles versucht, um den Jungen von der Sehnsucht nach dem Meer abzulenken. Der Vater schickte ihn auf eine hundert Kilometer im Hinterland liegende Schule, und wirklich dachte Stefan, durch die neue Umgebung abgelenkt, nicht mehr an das Meerungeheuer. Doch als er für die Sommerferien nach Hause zurückkehrte, war sein erster Gang, kaum hatte er eine Minute frei, nach der Mole, um dort eine Art Kontrolle vorzunehmen, auch wenn er sie im Grunde für überflüssig hielt. Denn angenommen, die Geschichte seines Vaters entspräche der Wahrheit, nach so langer Zeit würde der »Colombre« sicher seine Belagerung längst aufgegeben haben.

Aber bestürzt und klopfenden Herzens blieb Stefan stehen. Im offenen Meer, zwei-, dreihundert Meter von der Mole entfernt, schwamm der unheimliche Fisch langsam hin und her, hob ab und zu den Kopf und richtete ihn gegen das Festland, so, als halte er sehnsüchtig nach Stefan Roi Ausschau.

Der Gedanke an diese Tag und Nacht auf ihn lauernde feindliche Kreatur wurde für Stefan zu einer geheimen Besessenheit, die ihn selbst in der fremden Stadt nachts voller Unruhe aufschrecken ließ.

Und doch war er dort, Hunderte von Kilometern von dem Colombre entfernt, in Sicherheit. Aber er wusste, dass jenseits der Berge, Wälder und Ebenen der Wal seiner harrte und dass, begäbe er sich auch in den fernsten Kontinent, der Colombre doch im nächstliegenden Meer mit der unerbittlichen Hartnäckigkeit, die den Werkzeugen des Schicksals eigen ist, auf ihn warten würde.

Stefan, ein ernsthafter und williger Junge, setzte seine Studien mit Erfolg fort und fand nach Beendigung der Schule auch eine anständige und gut bezahlte Stelle in einem Warenhaus. Unterdessen starb der Vater an einer Krankheit, sein wunderschönes Segelschiff wurde von der Witwe verkauft, und Stefan befand sich so im Besitz eines schönen Vermögens. Arbeit, Freunde, Unterhaltungen, die erste Liebe: aber obwohl er sich so ein eigenes Leben aufgebaut hatte, quälte ihn der Gedanke an den Colombre wie eine unheimliche und zugleich betörende Fata Morgana, die, statt mit der Zeit zu verblassen, immer drängender wurde.

Die Befriedigung, die ein arbeitsames, ruhiges und bequemes Leben geben kann, ist groß, aber der Reiz des Abgrundes ist stärker. Stefan war erst zweiundzwanzig Jahre alt, als er sich von seinen Freunden in jener Stadt verabschiedete, seine Stelle aufgab, in seine Heimatstadt zurückkehrte und der Mutter seinen festen Entschluss mitteilte, dem Beruf des Vaters zu folgen. Die Frau, der Stefan nie von dem geheimnisvollen Wal erzählt hatte, nahm diese Nachricht mit Freuden auf, denn ihr war es immer wie ein Verrat an der Familientradition erschienen, dass der Sohn das Meer für ein Leben in der Stadt aufgegeben hatte.

Stefan fuhr nun zur See und legte die Probe seiner Eignung ab, indem er die Beschwerlichkeiten ertrug und mutigen Sinn zeigte. Er segelte und segelte, bei Tag und bei Nacht, im Sturm und während der Flaute, und immer folgte ihm der große Wal im Kielwasser. Er wusste, dass es sein Fluch und sein Schicksal war, aber vielleicht gerade deswegen konnte er sich nicht von dieser Art Leben trennen. Und niemand an Bord außer ihm konnte das Ungeheuer erblicken.

»Seht ihr nichts dort?«, fragte er von Zeit zu Zeit seine Gefährten, auf das Kielwasser deutend.

»Wir sehen nichts, warum?«

»Ich weiß nicht, mir schien es so …«

»Du wirst doch nicht etwa einen Colombre gesehen haben?«, meinten jene und fassten abergläubisch nach einem Stück Eisen.

»Warum lacht ihr, und warum fasst ihr Eisen an?«

»Weil der Colombre ein Tier ist, das keinen Pardon gibt. Und wenn er ein Schiff verfolgt, so will das heißen, dass einer von uns verloren ist.« Aber Stefan gab nicht nach. Die ständige Drohung schien sogar seinen Willen zu stählen, seine Leidenschaft für das Meer und seine Tollkühnheit im Kampf mit der Gefahr zu verdoppeln.

Als er glaubte, das Seehandwerk tüchtig gelernt zu haben, kaufte er mit dem kleinen Vermögen, das ihm sein Vater hinterlassen hatte, und zuerst zusammen mit einem Teilhaber, ein kleines Frachtboot; bald wurde er Alleinbesitzer, und dank mehrerer glücklicher Reisen gelang es ihm später, ein richtiges Handelsschiff zu kaufen und immer ehrgeizigere Pläne zu schmieden. Weder Erfolg noch Millionen konnten in seiner Seele die quälende Sorge betäuben, doch war er niemals versucht, sein Schiff zu verkaufen oder an Land zu gehen, um dort etwas anderes anzufangen. Zur See fahren war sein einziger Gedanke. Kaum setzte er nach langer Fahrt seinen Fuß in irgendeinem Hafen an Land, so befiel ihn schon die Ungeduld, wieder auszulaufen. Er wusste, dass draußen der Colombre auf ihn wartete und dass der Colombre gleichbedeutend mit Unglück sei. Aber es half nichts. Ein unbezähmbarer Trieb zog ihn ruhelos von Meer zu Meer.

In seiner Umgebung verstand niemand, warum Stefan, reich geworden, nicht endlich das verfluchte Seehandwerk an den Nagel hängte. Bis er eines Tages innewurde, alt, ja uralt geworden zu sein. Bitternis erfüllte ihn, weil er, um seinem Feind zu entgehen, sein ganzes Leben in dieser wahnwitzigen Flucht durch die Ozeane hingebracht hatte. Aber stets war die Versuchung des Abgrundes für ihn größer gewesen als alle Freuden eines ruhigen und bequemen Lebens.

Eines Abends, als sein wundervolles Schiff im Hafen seiner Heimatstadt vor Anker lag, fühlte er den Tod nahe. Er rief seinen zweiten Offizier, zu dem er großes Vertrauen hatte, und gebot ihm, sich dem, was er jetzt vorhabe, nicht zu widersetzen. Der andere gab sein Ehrenwort. Als er sich so versichert hatte, enthüllte Stefan dem verstört zuhörenden Mann die Geschichte des Colombre, der ihn fast fünfzig Jahre lang vergeblich verfolgt hatte.

»Er hat mich von einem Ende der Welt zum anderen begleitet«, sagte er, »mit einer Hingebung, deren nicht einmal der treueste Freund fähig gewesen wäre. Nun ist meine letzte Stunde gekommen, auch er wird alt geworden sein, und ich kann ihn nicht verraten.«

Nachdem er so gesprochen, nahm er Abschied, ließ ein Boot zu Wasser und stieg, mit einer Harpune bewaffnet, ein.

»Jetzt werde ich ihm entgegenrudern«, erklärte er, »denn es ist nur recht und billig, dass ich ihn nicht enttäusche, doch werde ich mit meinen letzten Kräften gegen ihn kämpfen.«

Mit müden Ruderschlägen entfernte er sich von Bord. Offiziere und Matrosen sahen ihn in der Ferne auf dem ruhigen Meeresspiegel, von den Schatten der Nacht umhüllt, verschwinden. Am Himmel hing die Mondsichel. Nicht lange brauchte er sich abzumühen. Plötzlich tauchte das schreckliche Maul des Colombre an der Flanke seines Bootes auf. »Hier bin ich endlich«, sagte Stefan, und seine ganze Kraft zusammennehmend, hob er die Harpune, um ihn zu treffen.

116

»Ach«, winselte mit kläglicher Stimme der Colombre, »was für ein langer Weg, um dich zu finden. Auch mich hat diese Mühe aufgerieben. Wie lange hast du mich hinter dir herschwimmen lassen! Immer weiter und weiter bist du geflohen und hast nie verstanden.«

»Warum?«, fragte Stefan beleidigt.

»Dass ich dich durch alle Meere verfolgt habe, nicht um dich zu verschlingen, wie du angenommen hast, sondern weil der König der Meere mir aufgetragen hatte, dir das zu überreichen.«

Und der Wal streckte seine Zunge aus und reichte dem alten Kapitän eine phosphoreszierende Perle dar.

Stefan nahm sie zwischen die Finger und betrachtete sie. Sie war von ungewöhnlicher Größe, und er erkannte, dass es die berühmte Perle des Meeres war, die ihrem Besitzer Glück, Macht, Liebe und Seelenfrieden verleihen konnte. Aber für ihn war es zu spät.

»Ach«, sagte er und schüttelte traurig sein Haupt, »wie ist alles falsch gewesen. Ich habe mich mein ganzes Leben geplagt und deines zerstört.«

»Leb wohl, armer Mann«, antwortete der Colombre und tauchte für immer in den schwarzen Wellen unter.

Zwei Monate später stieß, von der Flut getrieben, ein Boot an einer felsigen Küste an Land. Es wurde von zwei Fischern gesichtet, die, neugierig geworden, sich ihm näherten. Auf der Barke saß ein weißes Skelett, und zwischen den knöchernen Fingern hielt es einen kleinen runden Stein.

Der Colombre ist ein Fisch von großen Dimensionen, schrecklich anzusehen und außerordentlich selten. Je nach dem Meer und den Menschen, die an seinen Ufern leben, wird er Kolomber, Khaloubra, Kalonga, Kalubalu, Chalung-gra genannt. Merkwürdigerweise wissen die Zoologen nichts von ihm. Es gibt sogar einige, die behaupten, dass er überhaupt nicht existiert.

Noch ein weiteres Bild lohnt in diesem Zusammenhang zu betrachten. Es ist von Pieter Bruegel und heißt »Die Anbetung der Könige im Schnee«. Diese Szene findet nicht in Stille und Einsamkeit, aber auch nicht in Pracht und Herrlichkeit statt, sondern in großer Gefahr.

Bruegel malt ein Dorf in Brabant. Zwischen Bauernhäusern und einer Kirche am rechten Rand drängen sich die Menschen. Eine Gruppe von Soldaten und Lasttieren drängt nach vorn und kommt schließlich vor dem Haus, das sich links noch andeutet, zum Stehen.

Aus einer kleinen, bogigen Brücke kommt das Wasser eines Baches. Es gefriert, und Frauen holen aus einem Loch in der Eisdecke Wasser. Ein Kind rutscht auf dem Eis. Ganz links aber, am äußersten Rand, durch einen Mauerrest halb verdeckt, sitzt Maria mit dem Kind. Zwei der Weisen oder Könige knien in der Geste der Anbetung. Der dritte steht hinter ihnen, und hinter ihm drängt sich sein Gefolge. Auf dem freien Platz rechts der Bildmitte verstreut sich der Tross. Esel warten darauf, abgeladen zu werden. Ein hoch aufgetürmter Wagen schiebt sich im Hintergrund in die Szene herein. Hinter einem Mauerstück rechts des Stalls der Maria brennt ein Lagerfeuer.

Pieter Bruegel malt es in den Kriegs- und Schreckensjahren der spanischen Herrschaft über die Niederlande und in der Zeit des niederländischen Widerstands. Wenn die Truppen des spanischen Herzogs Alba in ein Dorf kamen, mag es so oder ähnlich zugegangen sein. Das Eigengewicht des Trosses, das Lagern, Kochen und Zeltebauen beherrscht die Szene, und es wirkt so, als dränge die Masse der Menschen die drei einsamen Könige an der Spitze samt Maria und dem Kind über den linken Bildrand hinaus. Sind die beiden knienden Könige nicht ohnedies nur halb wirklich? So rot und golden ist man sonst nirgends auf diesem Bild gekleidet. So wären sie auch in das flandrische Dorf nicht gekommen. Findet diese Anbetung überhaupt in derselben Welt statt, in der der Tross lebt? Und als wäre das alles noch zu wenig, stehen zwischen den Häusern im Hintergrund noch einmal Soldaten. Mit einem Wagen, den sie quer über die Straße stellten, sperren sie, offenbar in feindlicher Absicht, den Zugang. Und dies alles während der Anbetung des Kindes im Stall.

Ironischer kann man die Religiosität der Mächtigen nicht enthüllen. Wozu beten sie überhaupt an? Wozu bezeichnen sich die Könige von Spanien und anderswo als Hüter des christlichen Glaubens, da sie sich doch von anderen Eroberern und Menschenschindern nicht unterscheiden? Wozu beugen sie sich? Vielleicht nur, um desto höher zu ste-

Pieter Bruegel, Die Anbetung der Könige im Schnee

hen und um fordern zu können, dass die Menschen sich vor ihnen beugen? Man sage nicht, das christliche Abendland habe von dieser Art
Christenglauben nicht millionenfach Gebrauch gemacht, von den
allerchristlichsten Kaisern und Königen bis zu den letzten geistlichen
und weltlichen Funktionären der Macht. Nehmen sie den Frieden an,
der hier angeboten wird – oder sind sie zu stumpf dafür? Sie sind zu
stumpf, sagt Bruegel. Und wer heute vergleicht, was über den Frieden
geredet wird und wieweit die Fähigkeit, Frieden zu schaffen, tatsächlich reicht, gibt ihm Recht, nicht weil er sich besser dünkt als die
Mächtigen, sondern weil er unter ihnen verzweifelt.

Was ist denn Frieden für diese Menschen? Vielleicht die Zeit
zwischen den Feldzügen, in der man die Hellebarde nur eben so in der
Hand hält anstatt sie zu gebrauchen. Sind sie zu wehrhaft für den

119

Frieden? Ist es unmöglich, zu denken, es gebe eine Macht, die im Erleiden besteht? Es gebe ein politisches Wirken, das auf Schlichtung aus ist? Es gebe eine Überlegenheit, die sich in Brüderlichkeit erweist? Eben dies wäre der Sinn der überlegenen Macht, des überlegenen Könnens und der überlegenen Einsicht des Mächtigen. Was will – so fragen wir vor den Bildern Bruegels –, was will Gott eigentlich mit dieser törichten, blinden, gewalttätigen Menschheit anfangen? Ist da nicht alles verloren?

Nicht alles, antwortet Bruegel. Denn eines fällt immer wieder auf: Maria und das Kind sind bei ihm niemals mit den Strichen der Ironie gemalt. Wehrlos, einfach und wahr sitzt Maria, wo immer er sie schildert. Schlicht, gütig und das Kind darbietend empfängt sie die Menschen, die sich ihr nähern.

Wenn irgendwoher – so verstehen wir Bruegel – für diese gottverlassene Welt noch Hoffnung kommen sollte, dann aus der gefährdeten Güte des Kindes von Betlehem. Von der Erde her, von den Menschen oder gar den Mächtigen kommt sie nicht. Von ihnen am wenigsten. Mit einer Verzweiflung, der zu widersprechen nicht möglich ist, hat Bruegel das immer und immer wiederholt.

Woher kommt noch Hoffnung? Daher, dass in dieser blutigen, brutalen Welt ein wehrloses Kind ist, das uns lehren möchte, anders miteinander umzugehen, das Güte durch unsere Hände in die Welt bringen möchte, Barmherzigkeit stiften auf dem Weg über unser Herz.

Am Rande des Bildes sitzt Maria, die wehrlose Mutter mit ihrem Kind. Und wir empfinden, hier tue Gott unsertwegen das, wozu wir nicht bereit sind: Er beugt sich und wird der barmherzige Bruder des Menschen, in seiner Wehrlosigkeit die erlösende Macht, deren der Mensch in seiner Hoffnungslosigkeit bedarf.

Dies allein bringt Hoffnung in die Welt, nicht nur in die Bruegels, sondern auch in unsere ebenso törichte, blinde und gewalttätige Menschenwelt. Dies ist das einzige Licht, das das Volk noch sieht, das, wie das alte Lied sagt, »im Finstern wandelt«. Uns ist ein Kind geboren, ein Sohn, der anderer Art ist als die Söhne der Erde sonst, und die Herrschaft liegt auf seiner Schulter.

Von einem Menschen, der mit einem Stern verbunden war, erzählt die Geschichte von Hubert Böke »Jules Stern«:

Jules Stern

HUBERT BÖKE

Hoch droben im Norden der Welt lebte einst das Volk der Mitternachtssonne. Die Sommer waren kurz. Es gab kein Volk, das die Zeiten der Sommersonne so auszukosten wusste. Sie feierten bis mitten in die hellen Nächte hinein, tanzten, sprangen und umarmten sich.

Mit den Menschen feierten die Wälder und Felder. Bunte Schmetterlinge tanzten über Wiesen und Moore. Trolle sprangen nach den Wölfen. Durch die Mitternachtssonne wehte wie ein Blätterrauschen der Harfenklang fröhlicher Elfenfeste.

Als die Sonne des lustigen Treibens müde wurde, versank sie hinter den Bergen in tiefem Schlaf. Die Birkenwälder glühten in den goldenen Farben des Herbstes. Es wurde still im Land der Mitternachtssonne.

Mit den ersten Boten des Winters kehrte in die Hütten die Furcht vor der langen Nacht ein. Schon sagten die ersten: »Die ewige Dunkelheit zieht herauf; wird uns die Sonne des Lebens jemals wieder scheinen?« Die Menschen drangen auf die Priester ein, die Götter zu besänftigen. Sie fürchteten den »Kalten Tod«. Doch so hoch die Opferfeuer auch loderten, in ihren Herzen blieb die Furcht.

Jule hatte noch nicht viel von der Welt gesehen. Er wusste wenig von den Göttern. Anders als seine Spielgefährten liebte er die dunklen Nächte, wenn der Himmel aufklarte und die Sterne über den Wäldern wie tausend Feuer strahlten. Jule sei ein seltsames Kind, sagten seine Eltern und Geschwister. Doch ließen sie ihm seine Laune. In warme Felle gehüllt stapfte er auf seinen Schneeschuhen durch den stillen Nachtwald. Über ihm sangen die Sterne ihre schweigende Symphonie, und Jule sah im Schnee die Spuren von Feen und Kobolden.

Jule hatte Freundschaft geschlossen mit einem Stern. Das war sein Geheimnis. Hoch über dem Winterwald saß er auf einem Felsen und rief den Stern wie einen Freund. Und der Stern sandte ihm aus unendlicher Ferne seine Gedanken wie in einem unaufhörlichen Glänzen. Kann man Freundschaft schließen mit einem Stern, werdet ihr fragen. Wer vermag das zu sagen? Es war Jules Geheimnis. Doch hat es zu allen Zeiten Menschen gegeben, die den Gesang der Sterne hörten und die Sprache der Pflanzen und Tiere verstanden und sprachen.

So ging es wohl auch Jule. Er hörte die Sterne singen, er verstand ihre Worte. Beim Lauschen auf die wundersamen Geschichten wurde die Welt größer und schöner, als er es je geahnt hatte. Sein Stern erzählte von seinen Reisen über endlose Meere und Wüsten, himmelhohe Gebirge und weite Grasländer; auch von schwarzen, roten oder gar gelben Kindern. »Du erzählst Märchen«, beschwerte sich Jule zuweilen. Doch im Lichte des Sterns lernte er mit der Zeit die Geschichten wie in einem Spiegel zu lesen. Wie wunderbar war doch diese Welt, voller Überraschungen und voller bunter Farben.

Eines Abends mahnten ihn die Eltern, das Haus nicht zu verlassen. Es sei Mittwinternacht, die dunkelste Nacht des Jahres. In dieser Nacht würde sich der Lauf des Jahres entscheiden: Wird die Sonne noch einmal die eisigen Stürme des Winters vertreiben, wird das Licht den Sieg über die Dunkelheit davontragen?

Jule hat keine Angst vor der Dunkelheit. Ein Stern erwartet ihn. Seine Nacht wird hell sein. In der Mitte des Waldes angelangt, schaut er zum Himmel hinauf. Oben, am Himmel, wartet schon sein Stern.

»Hier bin ich!« ruft Jule.

Doch sein Freund, versunken in seine wunderbare Welt, antwortet nicht. Jule wird ungeduldig.

»Was siehst du, Stern?«

»Durch Jahrmillionen ging meine Reise. Noch nie habe ich ein solches Licht gesehen.«

Ein Glänzen, ein Strahlen breitet sich über Jules Gesicht. Er muss die Augen schließen, so hell wird es und wärmt ihn bis ins Herz.

»Was ist das, Stern? … Ist es die wieder geborene Sonne, die den Winter vertreibt?«

Der Stern schweigt. Er schaut ein Licht, heller als tausend Sonnen. Die Geschöpfe des Waldes haben sich eingefunden, Rentiere, Elche, Wölfe, Luchse, Trolle, Elfen. Für einen Atemzug hat die Ewigkeit den dunklen Winterwald in ihr strahlendes Licht getaucht. Für einen Augenblick ist die Furcht aus der Welt gewichen.

Jule durfte noch viele Mittwinternächte erleben. Als Kind, als Jugendlicher, als Erwachsener. Oft ist ihm die Furcht der Geschöpfe des Nordlandes vor der Dunkelheit des Lebens begegnet. Auch er hat in seinem Leben manch dunkle Stunde erlebt. Die Freundschaft mit seinem Stern hat ihm geholfen, durch die Jahre zu gehen. So fand er zu sich selbst, und in ihm wuchs die Kraft, den Weg zu gehen, der ihm richtig für sein Leben schien.

Aus dem Jungen wurde ein um seiner Weisheit willen hoch ge-schätzter Mann des Volkes. Man nannte ihn »Der-seinem-Stern-folgt«. Die Menschen spürten, dass er – anders als sie – die Dunkelheit nicht fürchtete. Der Glanz jener Nacht, die Gewissheit, dass die Nacht das Licht nie mehr besiegen wird, machte seinen Weg sicher. Oft er-innerten sich Jule und sein Stern an die Geburt des Lichtes in jener Mittwinternacht. In den Stunden, in denen Jule die eigenen Nächte des Lebens durchwandern musste, tröstete ihn tief im Herzen das Licht der Erinnerung und gab ihm neuen Mut.

Am Ende seiner Tage, als alter Mann, lässt Jule den verbrauchten Körper auf dem Lager zurück. Er wandert noch einmal durch das kalte Winterland zum felsigen Ort über den Wäldern.

Er schaut hinauf zum Himmel und begrüßt seinen Stern.

»Hier bin ich, Stern!«

Aufgeregt ist er wie der kleine Junge, der er einmal war.

»Sieh doch, Stern, sieh doch das Licht!«

»Ja, Jule, alter Freund. Ich sehe das Licht … Ich höre eine Stimme. Sie ruft deinen Namen.«

Der innere König

☆★★★★★★★★★★★★★★★★★★★★★★★★★★☆

7

Nichts, wirklich nichts, hatte das Kind von Betlehem an sich von einem König oder einem Königskind. Es unterschied sich in nichts von den vielleicht hundert Kindern in jenem Ort am Rand der Wüste. Aber auch der erwachsene Jesus trug keine Krone. Und doch sagte er an seinem letzten Tag zu dem römischen Richter: »Ich bin ein König. Ich bin geboren und in die Welt gekommen, um für die Wahrheit Zeugnis abzulegen« (Johannes 18,37).

Es bedarf eines aufmerksamen Hinschauens auf unsere eigene Seele, damit wir etwas von dem Licht wahrnehmen, das mit ihm in die Welt und in uns selbst hereingekommen sein soll, damit wir also die Würde und den Rang bemerken, die uns damit verliehen sind, dass er als Licht in uns eingetreten ist. Es könnte ja sein, dass das Kind nicht nur damals auf der Flucht war vor der Furcht eines Königs, sondern dass auch der lichte König in uns selbst sich auf der Flucht befände vor uns selbst.

Josef also, der Vater, hört eine Stimme, die ihm sagt: Nimm deine Frau und dein Kind und flieh nach Ägypten! Herodes sucht das Kind und will es umbringen. Josef steht auf, und die drei flüchten. Und wenn wir verstehen wollen, was in uns selbst geschieht, dann lohnt es, Bilder der Art wie die »Flucht nach Ägypten« des Wiener Schottenmeisters mit dem Auge zu durchwandern auf der Suche nach dem Lichtkind in uns, das in uns so gar keinen sicheren Ort hat.

An einer Stadt reisen sie vorbei, die drei Flüchtlinge, wie der Wiener Schottenmeister sie vor fünfhundert Jahren gemalt hat. An einer Stadt mit Mauern und Türmen und Kirchen, die zeigen sollen, wie geschützt und wie fromm man in dieser Stadt gewesen sei.

Davor, durch ein Tal von ihr getrennt, das vertraute Bild: Josef, Maria und das Kind. Auf einem willig dahintrabenden Esel sind sie

125

unterwegs. Merkwürdig ist, dass diese Szene zu Weihnachten gehört, zu dem Fest, an dem wir wie nie sonst im Jahr die Geborgenheit der Familie und das Zuhause suchen. Heimatlosigkeit, Flucht, Armut, die Bedrohung des Kindes und seiner Eltern gehören seltsamerweise zu dem Fest, das uns doch in unserer eigenen Heimatlosigkeit trösten soll.

Man hat das gerade vergangene Jahrhundert das Jahrhundert des Flüchtlings genannt. Mehr als hundert Millionen Menschen sind in den letzten fünfzig Jahren aus ihren Heimatländern vertrieben worden, und nichts ist für unsere Zeit, die doch auf die Rechte des Menschen aufmerksamer achtet als man das früher tat, so charakteristisch wie die Tatsache, dass es offenbar ein Menschenrecht auf Heimat noch immer nicht gibt. Seltsam: Man nannte das Jahrhundert des Flüchtlings auch das Jahrhundert des Kindes, als verstünde man heute das Bewahren und Schützen von Kindern besser als in früheren Zeiten. Aber die Kinder sind unter den Flüchtlingen wie die Eltern es sind.

Da ist ein treuer, tüchtiger Esel. Da ist ein besorgter Josef, der aufmerksam vorausgeht. Da ist eine beschützt reitende Maria und ein wohleingepacktes Jesuskind. Sie reisen miteinander nach Ägypten. Ägypten freilich ist nicht irgendein Land. Wenn die Menschen der Bibel das Wort Ägypten hörten, stiegen uralte Erinnerungen auf. Erinnerungen an eine Flucht vor dem Hunger, der die Vorfahren dieses Volkes in die Sklaverei trieb, aus der tödlichen Freiheit in die gesicherte Knechtschaft.

Danach aber traten sie aus der Knechtschaft in eine gefahrvolle Freiheit hinaus. Und diese Geschichte von Flucht, Sklaverei, Aufbruch, Freiheit und Heimatsuche wurde zum leitenden Bild für die lange Geschichte dieses Volkes und zu einer Chiffre auch für den Weg, den wir Menschen im guten Fall zurücklegen auf der Suche nach uns selbst. Und davon bin ich überzeugt, dass die unscheinbare Geschichte von einem Kind auf der Flucht längst vergessen wäre, wenn die Menschen nicht von jeher empfunden hätten, es sei damit eine Flucht gemeint, die in ihnen selbst geschieht.

Sie kommen zwar irgendwoher, die drei, aber sie wissen nicht, wo sie bleiben werden. Sie wissen nicht, wie lange ihr Wandern dauern wird, und folgen ihrer Straße mit ihren Windungen und Biegungen, mit ihrem Geröll und ihren Pfützen, als gäbe es keine andere Wahl, als dieses Geschick anzunehmen und unter Mühen und Entbehrungen tod-

Wiener Schottenmeister, Flucht nach Ägypten

müde und schlaflos weiterzueilen. Denn die Angst der Mächtigen ist es, die sie in die Angst hinaustreibt, die Ungeborgenheit derer, die in den sicheren Häusern wohnen, ist es, die ihnen das Haus nimmt.

An der rechten Seite des Bildes sehen wir in einen Hohlweg hinunter, durch den eine Straße heraufführt. Offenbar sind die drei Menschen mit ihrem Esel hier heraufgekommen und überqueren nun, nach einer Biegung des Weges, den Bach, der im Vordergrund vorbeifließt. Zwischen den Felsen, die die Flüchtenden begleiten wie die Mauern eines Gefängnisses, kommen sie herauf.

In der Bildmitte trabt der Esel, mit einem freundlichen, willigen Gesicht, als wäre das Tier der letzte Freund des Menschen, wenn ein Mensch das Raubtier des anderen wird. Am rechten Rand sitzt der Vogel und sieht auf den Weg voraus, das Tier, von dem Christus gesagt hat: »Die Vögel unter dem Himmel haben Nester, aber des Menschen Sohn hat keinen Platz, an den er sein Haupt lege« (Matthäus 8,20). Und Josef sieht ihm nach, angestrengt, in dieselbe Richtung, die Richtung der Flucht.

Hinter den Weiden, unterhalb der grünen Hänge, erstreckt sich ein Tal mit Weg und Brücke, dahinter sind die Mauer und die Türme einer Stadtbefestigung zu sehen. Darüber liegt die Stadt der Sesshaften, die Stadt derer, die ein Haus haben, und um die eine Mauer gebaut ist. Aber die Stadt hat nicht Feindseliges. Sie ist nur eben der Hintergrund der Flucht. Es ist nicht die Stadt des Herodes. Sie liegt nur am Weg. Fast liebevoll ist sie gemalt. Es ist die Stadt, in der der Altar steht, dessen Tafeln wir betrachten: das Wien des 15. Jahrhunderts. Die Kirchen und auch ein Teil der größeren Häuser sind auf dem Bild genau nachgezeichnet.

Hinter dem Rücken der Maria fällt der Blick auf die beiden Arme des Wien-Flusses und die letzten Tore der Stadtmauer. Die Höhen darüber sind, am linken Bildrand, der Kahlenberg, rechts davon der Leopoldsberg. Links oberhalb des Nimbus der Maria beginnt das Panorama der Stadt mit der Minoritenkirche, rechts davon, über dem Nimbus, die Hofburg, in der die Herzöge von Österreich regierten, rechts davon die Peterskirche und Maria am Gestade, und, weiter am oberen Rand des Panoramas entlang, der Stephansdom, unmittelbar davor, etwas nach rechts versetzt, das Himmelspfortkloster, unmittelbar rechts das St. Annenkloster. Tiefer in den Häusern der Stadt sehen wir, zwischen Peterskirche und dem vorderen Festungsturm, das Heiliggeist-Hospital, weiter rechts die Antoniuskirche, das Bürgerspital und, unmittelbar vor den Westtürmen des Stephansdomes, das Kärntner Tor. Liebevoll ist es gemalt, so, als erwarte die Stadt, die sich dem vorbeiflüchtenden Kind vorstellt, Segen von der Tatsache, dass Maria und das Kind sie auf ihrem Weg wahrnehmen. Es ist, als beziehe sich die Stadt in das Geschehen ein, sofern in dem Geschehen etwas Heilvolles liegt. »Gott ist hier« scheint sie zu sagen. Christus besucht uns auf seinem Weg durch die Welt, und wir, die Leute aus dem Wien, das wir selbst sind, könnten ihn, hätten wir die Augen dafür, wahrnehmen.

Das Kind, das vor uns flüchtet, ist ja nicht verlassen. Hoch über ihm am oberen Rand des Bildes leuchtet ein Stern mit einem langen Schweif, der immerhin so viel Licht hat, dass der Mond von ihm seine Helligkeit empfängt. Zwischen dem Stern und dem Kind aber ist die Stadt, die wir selbst sind.

Die jüdische Überlieferung spricht sehr tiefsinnig von Gott als der »wandernden Schechina«, der wandernden Anwesenheit Gottes, die immer wieder anderswo zu Gast ist, die immer wieder die Häuser verlässt, um unterwegs zu sein durch die Welt der Menschen. Aber diese Schechina ist nicht Zeichen eines Fluchs, sondern ein Symbol der segnenden Gegenwart Gottes und dem Bild vom flüchtenden Jesuskind sehr ähnlich. Denn auch dieses Kind ist nicht nur Bild des vorübergehenden Gottes, sondern auch des unerkannt in einer fremden Gestalt gegenwärtigen.

Der Kosmos, der so leer zu sein scheint von Gott, ist in Wahrheit von der Gegenwart des wandernden Gottes erfüllt. Und der Mensch wandert mit ihm, trägt ihn, wie Maria das Kind, bei sich. Er braucht auf der Suche nach Gott die Welt nicht zu verlassen. Er braucht nicht an besonders heiligen Orten nach ihm zu suchen. Der Staub der Straße und der Wind der Fremde sind sein Ort. Gott ist auf dieser Erde unterwegs wie ein Wanderer. Er ist nicht sesshaft in Tempeln und Kirchen, nicht in Lehrbüchern und Ämtern. Er geht oft genug an den Türen der großen Institutionen unerkannt vorbei.

Die Menschen aber, die das Kind bei sich tragen, wandern gleich ihm unerkannt über die Erde. Niemand braucht sie zu kennen, niemand braucht sie zu beachten, aber sie geben dennoch dem Dasein des wandernden Menschen auf dieser Erde Ziel und Sinn. Denn die Geschichte von der Flucht des Kindes ist nicht begriffen, wenn die Historiker feststellen, sie habe sich so oder anders oder vielleicht ganz und gar nicht so, wie das Evangelium sie erzählt, abgespielt. Sie hat ihre Innenseite. Und nur ihre Innenseite ist das eigentlich Heilvolle an ihr. Es ist ihre Innenseite, die macht, dass dieses Bild der fliehenden Familie eine so eigentümliche Geborgenheit ausstrahlt.

Die eigentliche Botschaft des Bildes von der Flucht nach Ägypten ist: Den Schutz, den Gottes Segen gibt, ersetzt uns kein irdisches Haus, und keine Verlassenheit und Angst auf den Straßen dieser Welt kann ihn uns nehmen.

Was eigentlich fürchten wir so sehr, wenn wir hören: In dir ist mehr, als du auf den ersten Blick wahrnimmst, in dir ist das von Gott gemeinte königliche Kind und du wirst von ihm deine Schönheit empfangen, in dich ist dein Reich Gottes gelegt, gib ihm Raum? Warum denn ist dieses königliche Kind bei so vielen Menschen auf der Flucht? Von wem wird es vertrieben? Bei den einen, weil sie es nicht für möglich halten, dass mit ihnen noch etwas anzufangen sei. Bei den anderen, weil sie selbst und sie allein die Herrschaft und die Kontrolle in sich behalten wollen.

Herodes, der verängstigte König eines Landes, fürchtete sich, von einem neu aufkommenden König vom Thron vertrieben zu werden. Was ist so gefährlich an jenem Mann aus Nazaret, der gesagt hat, er sei gekommen, uns die Liebe Gottes und unsere eigene Berufung zu zeigen? Es ging ihm ja nicht darum, den Herodes in uns zu entmachten, sondern den freien Menschen in ihm aufzurufen. Ihn zu entlasten, ihn zu heilen, ihn zu ermutigen, ihm Boden unter die Füße zu geben, ihm sein Ziel zu zeigen. Und ihm die Kräfte zu geben, die er brauchte, um dieses sein Ziel zu erreichen. Warum irritiert es uns, wenn er sagt, er sei gekommen, die Gefangenen frei zu machen, den Blinden Licht zu geben und den Armen die Liebe Gottes zu bringen? Warum halten wir seine Nähe nicht aus? Warum kann er in uns nicht tun, wozu er gekommen ist?

Wir könnten ja doch auch sagen: Bleib in mir. Tu deine Arbeit an meinem unansehnlichen inneren Menschen! Mach mich frei von mir selbst. Zeige mir, welche Schritte ich heute tun soll! Und so lass den neuen inneren Menschen in mir entstehen, der dich zu verehren und sich selbst zu achten vermag!

Und vielleicht gelingt unserem Nachdenken, was Hermann Claudius in seinem Gedicht vorzeichnet:

Ich will und muss dem einen Gott vertrauen,
der sich so tief in uns verborgen hält,
als wäre diese Welt nicht seine Welt.

Ich will und muss auf seine Weisheit bauen,
die sich mit unserer so sehr entzweit,
als wäre seine Zeit nie unsere Zeit.

Und ob wir rückwärts, ob wir vorwärts schauen,
und ob uns Freude schüttelt oder Grauen:

Er war und ist. Und er wird ewig sein.
Wir aber schreiten durch ihn aus und ein.

Jesus von Nazaret blieb kein Kind. Er wurde erwachsen. Der erwachsene Mann trat auf, redete, heilte, rief Menschen zu sich, die zu ihm gehören sollten, wurde geliebt und wurde gehasst. Man freute sich darüber, dass er war, wie man ihn sich erhofft hatte. Man war empört, weil er nicht so war, wie man ihn sich vorgestellt hatte. Man drängte ihn in Rollen, die ihm fremd waren. Und insgesamt verstand man wenig von dem, was er als Bild der Zukunft vor die Seelen der Menschen stellte.

Als Jesus die Entscheidung suchte, ritt er auf einem Esel – das war damals fast etwas wie eine Staatskarosse – in Jerusalem ein, vom Volk begeistert willkommen geheißen, nach wenigen Tagen von den Herrschenden zum Tode verurteilt und hingerichtet.

Es ist wieder eine der lichtvollen russischen Ikonen, die die Wiederkehr des vertriebenen Kindes und des missverstandenen Meisters, den Einzug des inneren Königs in unsere Seele feiert.

Aus einem Tor, an einer leuchtenden Stadtmauer, unter goldenen Dächern, schreitet ein Zug festlich gewandeter Menschen feierlich und gemessen, mit Zweigen in den Händen, nachdenklich und einem großen Ereignis erwartungsvoll zugewandt. Ihnen gegenüber, am linken Bildrand, schreiten, ebenso verhalten, ebenso feierlich und wie in einem Gottesdienst, die Begleiter des Christus, hochgestimmt und mit dem Ausdruck von Menschen, die wissen, dass nun das Große geschieht, das Erlösende, das Herrliche.

Als schützte er ein kostbares Geheimnis, hält der vorderste seine Hände vor die Brust. Die beiden hinter ihm scheinen sich zu besprechen – oder besser: der ältere von ihnen scheint dem jüngeren etwas zuzuraunen, aber der jüngere hebt die Hand, als wolle er sagen: Jetzt nicht sprechen! Der Augenblick ist zu groß. Einsam und erhaben in der Mitte reitet Christus dem Tor zu. Nein, er reitet nicht, er thront. Der Esel ist nicht so sehr Tier als heiliger Thronsitz. Vor dem Hintergrund hochaufragender Berge, unter dem schmuckvollen Monogramm ICXC – Jesus Christus, – das Buch in der linken Hand, die Rechte zum Zeichen gebietender Begrüßung erhoben, so nähert sich Christus der Stadt, die ihn hier empfängt.

Um ihn her spielen Kinder, scheinbar ohne die feierliche Atmosphäre zu beachten. Im Hintergrund besteigen zwei von ihnen einen Baum, um mit kleinen Äxten Zweige abzuschlagen, unten breitet eines Kleider auf den Weg, eins grüßt mit einem Zweig, von dem der Esel zugleich zu fressen sucht, eins sitzt und schaut zu, während ein sechstes sich einen Dorn aus dem Fuß zieht.

Auf allen Bildern vom Einzug in Jerusalem finden wir Menschen, die Äste abhacken, Kleider breiten und mit Zweigen winken. Etwas Besonderes aber ist der kleine Junge mit dem Dorn. Er macht deutlich, dass hier mehr vorgeht als nur die Schilderung eines Ereignisses vor Jahrhunderten, jenes Einzugs, von dem die Evangelien berichten. Denn es gehören auf den alten Ikonen vom Einzug in Jerusalem immer das Kind oder der Erwachsene hinzu, die Dornen vom Weg auflesen und sie beiseite räumen. Sie meinen mit den Dornen den antiken Götterkult, über den Christus hinwegschritt, als die Kirche sich über die Länder des Orients ausbreitete.

Diese Dornen wegzuräumen ist Aufgabe des Christen. Nun zieht aber das Kind sich selbst einen Dorn aus dem Fuß zum Zeichen, dass die Christen selbst in die Dornen getreten seien, dass der Aberglaube, der Unglaube sie selbst verletzt hätten.

Denn darauf zielt das Bild, dass Christus allein herrscht und alle Furcht vor anderen Mächten, alle Angst vor Göttern oder Dämonen zur Seite zu räumen sind, aller Aberglaube und aller Unglaube. So wird auch die Feierlichkeit verständlich, die über dem Ganzen liegt:

Hier schildert ein Mönch den Gottesdienst der Kirche, den Empfang des Königs aller Könige durch die himmlische und die irdische Kirche. Die Kuppel, die golden über dem Volk steht, bildet die irdische Kirche ab, ihre Würde und ihren Glanz. Wenn aber diese Kirche

132

Russische Ikone, Einzug in Jerusalem

Christus empfängt, empfängt sie die Kirche der Vollendeten mit ihm, die kenntlich ist an den goldenen Nimben, den »Heiligenscheinen«. Und so ist die irdische Kirche zugleich ein Bild für die künftige Welt, die Stadt Gottes, die »aus lauterem Golde gemacht ist«. In dem allen aber geschieht nichts anderes, als was schon bei den Propheten zu lesen ist: »Sagt dem Volk, das auf dem Zion wohnt, auf der Höhe von Jerusalem: Gib acht, dein König kommt! Er kommt ohne Gepränge. Er kommt, um Frieden zu bringen, er reitet auf einem Esel und auf dem Füllen des Lasttiers.« Er kommt zu dir. Mach das Tor auf.

An jenem festlichen Tag, als Jesus in die Stadt Jerusalem einritt, erfüllte sich die Erwartung der singenden und rufenden Menschen nicht. Christus zog nicht als König auf die Burg Davids, er zog nicht als der heilige Hohepriester Gottes mit Glanz und Herrlichkeit in den Tempel ein. Und die Szene, wie der von der Geißelung gezeichnete Jesus auf der Terrasse des Pilatus steht, während ihm entgegenschallt: »Ans Kreuz mit ihm!«, ist das realistische Gegenbild zu dem festlichen Einzug.

»Als er nahe hinzukam, sah er die Stadt an, weinte über sie und sprach: Wenn du doch verstehen könntest zu dieser Zeit, was zu deinem Frieden dient! Aber es ist deinen Augen verborgen. Tage werden kommen, da werden deine Feinde um dich her einen Wall aufschütten, dich belagern und von allen Seiten einschließen. Sie werden dich schleifen und keinen Stein auf dem anderen lassen, weil du die Stunde nicht erkannt hast, in der du besucht wurdest« (Lukas 19,41-43).

»Wenn du erkennen würdest, was zu deinem Frieden dient.« Was diente dem Frieden? Worauf kam es an? Was war notwendig, damit die Zukunft nicht Untergang, sondern Leben und Glück brachte? Notwendig war die Bereitschaft, das Wort jenes einziehenden Mannes zu hören, und sei es noch so ungewohnt, noch so befremdend, und fordere es eine noch so unbequeme Änderung der gewohnten Gedanken über Gott und die Welt, über den Menschen und seine Stadt, über Leben und Sicherheit auf dieser Erde.

Jesus hat es in seinen Gleichnissen vom Gottesreich mitgeteilt: Das Gottesreich ist wie ein Schatz im Acker. Wer ihn findet, muss sich von allem frei machen, was er hat, und zusehen, dass er den Schatz gewinnt. Das Gottesreich ist wie eine wertvolle Perle. Wer sie findet, muss sich von allem lösen, was ihm sonst wichtig ist, und zusehen, dass er sie auch wirklich gewinnt. Denn die Zukunft ist für den, der ihr gerecht wird, ein Reich des Friedens, für den, der sie verkennt, Zerstörung und Untergang.

So kommt Jesus in die Stadt, trauernd über das unermessliche Leiden und Sterben, das sich in ihr abspielen wird. Denn die Welt, so sagt er gerade in jenen letzten Tagen in Jerusalem, hat das Tal des Leidens noch nicht durchschritten. Es wird noch viel Unbegreifliches geschehen, und das Heil der Menschen wird daran hängen, ob die Wissenden den Blick über die Zone des Grauens hinaus in die Zukunft richten, auf das Reich hin.

Er spricht von einer Frau, die ein Kind unter Schmerzen zur Welt bringt, und noch Paulus bezeichnet die Schrecken der Weltgeschichte als die Wehen, die die alte Welt durchzustehen habe, bis die neue geboren sei. Jesus fährt fort, wenn ein Kind geboren sei, denke die Mutter nicht mehr an ihre Angst und Qual, sondern sei glücklich über den neuen Menschen (Johannes 16, 21). Und Paulus:

»Die Welt wartet darauf, dass die Söhne Gottes hervortreten. Der ganze Kosmos sehnt sich danach, dass wir Menschen als Söhne Gottes über ihn herrschen. Denn die ganze Schöpfung soll an der Freiheit teilhaben, die den Söhnen geschenkt ist. Noch aber liegt sie in Wehen, bis eine neue Welt geboren wird« (Römer 8,19-21).

Verantwortung für die Welt trägt also, wer eine neue Geburt durchgemacht hat, die Geburt zum Sohn, zur Tochter Gottes. Verantworten heißt hoffen, dass der Geburt des neuen Menschen die Geburt einer neuen Welt folgen wird. Verantwortung für die Welt ist Arbeit in der Zeit der Hoffnung, ehe die neue Welt entsteht.

Ist also ein Mensch Gottes Tochter oder Gottes Sohn – das Wort »Kind« erscheint mir für unsere heutigen Ohren unzureichend –, dann hilft er, dass aus diesem zerstrittenen, zerrissenen Dasein die Gemeinschaft der Söhne und Töchter hervorgeht. Denn alle Dinge warten auf den Menschen, von dem die Seligpreisungen sprechen, der Frieden stiftet, der sich der Erde zuwendet, der leidet, der das Leid anderer zu seinem eigenen hinzufügt und es trägt, der barmherzig ist, der in die Niederungen hinabsteigt, in denen man der Barmherzigkeit bedarf, der nach Gerechtigkeit hungert und dürstet.

Die Angst ist es, die uns alle daran hindert, geradeaus in die Zukunft zu sehen. Am wenigsten Angst aber hat ein Mensch, der zum Opfer bereit ist:

Nur ein einziger Weg
führt aus dem dunstigen, dichten Dschungel,
in dem der Kampf um Ehre, Macht und Vorteil geführt wird:
die Bereitschaft zum Tod.
Dag Hammarskjöld

Dieses Wort ist nicht ungenau und irgendwie als Lebensweisheit gedacht, es ist ein Wort über Jesus Christus und den Menschen, der ihm
nachfolgt. Denn dies geschieht in der Weihnachtsgeschichte: dass Jesus die heimliche Sehnsucht aufnimmt, die wir in uns tragen, und ihr
den Weg zu ihrer Erfüllung frei macht. Wir ängsten uns ja nicht nur,
sondern sehnen uns auch. Indem Jesus über Jerusalem trauert, nimmt
er an unserer Sehnsucht teil. Indem er, zum Tode bereit, in die Stadt
kommt, antwortet er der Sehnsucht der Menschen, die sich doch immer wieder selbst nur Leid und Verzweiflung bereiten können, nach
Frieden. In den Menschen aber, die ihm nachfolgen, wird die Sehnsucht zur Hoffnung, aus den halbbewussten Träumen von der besseren
Zukunft wird die bewusste Zuversicht, dass das Reich Gottes kommt.
Aus der Angst vor dem Tod, die den Frieden ja immer und immer wieder verhindert, wird die versöhnende Güte.

Hoffnung ist die Kraft, das Kommende träumen zu können. Angst
aber ist der Zwang, das Glück, den Sinn und die Größe des Menschen-
daseins immer wieder verlieren zu müssen, obwohl im Grunde alles
vor der Hand liegt.

Wer das verstanden hat, wird anders leben müssen. Er wird nicht so
weiterdenken wollen, wie man denkt. Er wird nicht so weiter urteilen
wollen, wie man urteilt, nicht weiter so handeln, wie man klugerweise
handelt. Er wird wissen, dass es nicht darum gehen kann, wie wir unser Fortkommen am besten sichern und unsere Freiheit. Denn man
kann seine Freiheit nicht sichern, man kann es nur wagen, ein freier
Mensch zu sein.

Als ich ein junger Mensch war, begegnete mir das Wort von Leo-
nardo da Vinci »Binde deinen Karren an einen Stern«. Und ich habe
daraus gehört: Lass dich von einer Kraft ziehen, die nicht von dieser
Welt ist, du wirst anders die Welt nicht verändern.

Was konnten wir denn lernen in dem Jahrhundert, das hinter uns
liegt? Man redet rund um die Erde viel vom Frieden. Wir konnten lernen, dass es auf einen veränderten Umgang mit Gegnern ankommt,

136

wenn Frieden einkehren soll. Dass man auch den Gegner mit ein wenig Freundlichkeit ansehen muss, will man ihn verstehen und mit ihm zusammen dieselbe Erde bewohnen. Wir haben gelernt, dass Frieden nicht zu gewinnen ist, solange wir Siege anstreben, sondern nur dort, wo uns das gemeinsame Leben wichtiger ist als ein Sieg auf irgendeiner Seite.

> Zum ersten Mal in der Geschichte
> hängt das physische Überleben der Menschheit
> von einer radikalen
> seelischen Veränderung des Menschen ab.
> ERICH FROMM

Es wird heute viel von Gerechtigkeit geredet. Das haben wir wohl gelernt, dass das Leben der Menschheit auf dieser Erde nicht gedeihen wird, für niemanden, es kehre denn so etwas wie Gerechtigkeit ein. Denn das Unrecht, das vor allem von den besitzenden Völkern ausgeht, wird auch das Glück der Besitzenden auf die Dauer zunichte machen. Solange wir mehr haben und genießen wollen als andere, wird von Gerechtigkeit nichts wahr werden auf dieser Erde.

Was konnten wir noch lernen? Es war doch dies, dass die Lebenskraft dieser Erde begrenzt ist. Dass die Erde nichts ist, das wir ausbeuten könnten. Dass wir vielmehr ein Teil dieser Erde selbst sind und dass wir als Menschheit nicht überleben werden, wenn die Erde unter unserem Zugriff zugrunde geht.

Was wir auch lernen konnten, mehr im Kleinen, ist, dass das bleibende Glück nur dem beschieden sein wird, der über seinen persönlichen Nutzen hinauszublicken vermag. Dass das, was das Evangelium Liebe nennt, die Grundlage ist für das wirkliche Glück. Von ihm hören wir:

> Verzichte darauf, immer siegen zu wollen.
> Das ist der Weg zum Frieden.
> Scheue dich nicht, dann und wann den Kürzeren zu ziehen.
> Das ist der Weg zur Gerechtigkeit.
> Lass dir dann und wann etwas entgehen.
> Das ist der Weg zur Rettung der Erde.
> Sorge nicht immer nur für dich selbst.
> Das ist der Weg zum Glück.

Setze dein Leben für etwas Lohnendes ein,
das dir keinen Lohn verspricht.
Das ist der Weg zur Erfüllung.
Beuge dich nicht dem Zwang, dich allzu sehr zu sichern.
Dann wird dir die Zukunft nicht verbaut sein,
sondern offen und begehbar.

Wenn du diesen Weg gehen willst, wird dir, auch wenn du mit allem scheiterst, was du dir vornimmst, das Glück widerfahren, dass du erkennst, wie Gott deinem Herzen nahe ist. Wie er in dir Raum gewinnt. Wie er zusammen erscheint mit dem inneren Kind, das nun nicht mehr vor dir zu flüchten braucht. So sagt Jesus bei seinem Abschied von den Seinen:

Wer mich liebt,
der wird in meinem Wort leben.
Ihn wird der Vater lieben,
und der Vater und ich werden kommen
und in ihm wohnen.
Johannes 14, 23

Wie aber gehen wir mit dem in uns um, was wir bedroht sehen? Was in uns selbst keine Zukunft hat? Christus ging seinen Weg bis ans Ende, in den Tod, mit dem er seine Liebe und die Liebe Gottes bezeugte. Und so lieben wir auch, was wir in unserer Liebe bewahren wollen – und was trotz unserer Liebe der Zerstörung anheimfällt, den vergehenden, todverfallenen Menschen in uns selbst und in anderen Menschen.

Hilde Domin schreibt ein Gedicht darüber:

Zärtliche Nacht

Es kommt die Nacht
da liebst du

nicht was schön –
was hässlich ist.

Nicht was steigt –
was schon fallen muss.

Nicht wo du helfen kannst –
wo du hilflos bist.

Es ist eine zärtliche Nacht,
die Nacht da du liebst,

was Liebe
nicht retten kann.

Die Versuchung Balthasars

WALTER NORDMANN

Ihr wisst aus der Heiligen Schrift, dass bald nach der Weihnacht die Weisen aus dem Morgenlande – nach der Meinung des Volksmundes sind es drei Könige gewesen – dem Kind in der Krippe ihre Huldigung brachten. Nicht wahr, das Wunder umraunt und umrauscht doch diese Männer, die so geheimnisvoll aus Märchenländern kamen und geheimnisvoll in sie zurückkehrten. Wundersam, wie sie die Dürftigkeit des armen Sohnes Gottes mit den Geschenken des Morgenlandes verbrämten … Wundersam, wie sie Herren geheimnisvoller Kräfte waren, aus den Sternen lasen, dass die Zeit erfüllt war, und wie sich ihnen in Träumen die Türen zu verborgenen Geheimnissen öffneten. Aber das Wundersamste war doch ihr sehnsüchtiges Herz, das mitten in Reichtum und Königsglanz nach der Erlösung suchte und rief.

Und nun zogen sie von der Jesuskrippe in ihr Land zurück, des Jubels voll über das, was sie gehört und gesehen hatten. Lasst mich in Schlichtheit von dem einen, ich meine den Balthasar, ein wenig weitererzählen. Er war nicht der Reichste der drei. Während Kaspar, der Mohr, in Reichtum und unerhört farbenfroher Pracht daherzog, begleitet von königlichem Gefolge und umstaunt von der Verwunderung der Massen, ritt Balthasar allein, sogar ohne einen Diener, sein edles Pferd trug an Kostbarkeiten nur das Notwendigste mit sich. Er war auch nicht der Klügste der drei. Während Melchior, der Greis, jahrzehntelang in Tagen und Nächten den Spuren des Geheimnisses nachgesonnen hatte und Wissen in sich trug wie in Jahrhunderten kein zweiter, ging er in ruhigem stillem Forschen seinen Weg; ein Denker wohl, doch kein Grübler, der sich in Hingerissenheit verzehrte. Aber Balthasar war der Treueste der drei. Wo seine Seele einmal den Anker der Hingebung fallen ließ, da blieb er fest und unzerrissen auch im starken Sturm des Lebens liegen.

Nach langer Reise hatten sich die Wege der drei Reisenden getrennt, und jeder zog mit einem Herzen voll Freude der Heimat zu. Einsam ritt Balthasar sein Pferd, indes die Sonne am Saum der Wüste unterging und ihr Rotgold die Öde verklärte. Der stille Reiter schreckte auf und ließ sein Pferd eilen; es galt, den Ruheplatz vor der Dunkelheit noch zu erreichen. Als jäh die Nacht wie ein schwarzer Mantel auf die Wüste herabfiel, kam er bei der Oase an, entflammte am Fuß der Palmen das Feuer zu Wärme und Schutz gegen die Raubtiere und blickte sinnend in das Spiel der Flammen. Seine Gedanken waren wie jeden Tag der langen, langen Reise bei der Krippe. Dort also lag in schlichter, armer Menschlichkeit die Erfüllung aller Sehnsucht, der König, der die Wende der Zeiten bedeuten sollte. Und während der stille Wanderer sann, trat aus dem Dunkel der Nacht eine ernste Gestalt zu ihm. Ein Feind war es nicht, ohne Hass und Tücke blickten seine dunklen Augen ihn an. War es ein Freund? – Er grüßte den König, nicht mit dem Gruß eines Untertanen, und von Freundlichkeit und Liebe stand nichts in seinen Zügen. »Du kommst von dem neu geborenen König der Juden«, so begann der Fremde, »und dein Herz schlägt voll Freude. Weißt du aber auch, was dich erwartet, wenn du an ihn glaubst?«

Da war's , als zöge der Fremde einen Vorhang vor der Zukunft weg, und Balthasar sah sich heimgekehrt auf seinem Königsschlosse … Vor ihm saß die Gemahlin, die ihm die liebste war. Es drängte ihn, sein übervolles Herz auszuschütten vor der vertrauten Frau, und er erzählte ihr, wie der geheimnisvolle Stern ihn geleitet habe durch Wüsten und Gebirge, Dörfer und Städte. Wie sie im fernen stolzen Jerusalem den König vergebens gesucht hätten, und wie endlich in einer armseligen Stallung auf Heu und Stroh der Verheißene gelegen habe.

»Und nun hat mein Herz gefunden, was es erwartete, lange, bange Jahre hindurch.« Aber während Balthasar voller Freude sprach, schürzte wider sein Erwarten die geliebte Frau spöttisch die Lippen und murrte: »Wie wunderliche Wege geht doch mein kluger Herr! Er ist ein König und Weiser zugleich, tausend Diener harren seines Winks, und seine Schatzkammern strotzen voll Gold. Und er zieht wie ein Armer ohne Diener seines Weges, und wie ein Narr sucht er auf staubigen Straßen umher, und was hat er gefunden? Ein Bettlerkind in Schmutz und Armut. Ei, Bettelkönig und Bettelkind – zwei feine Gefährten, zwei würdige Narren!« Und mit spöttischem Gelächter enteilte sie und ließ Balthasar enttäuscht allein. Und leise schlug die Stimme des Fremden an sein Ohr: »Siehe da, dein Himmelskönig macht dich zum Spott der Leute, willst du trotzdem an ihn glauben?« Da riss Balthasar sich trotz seiner Enttäuschung hoch und rief: »Ich bleibe ihm treu!«

Da war's, als zöge der Fremde einen zweiten Vorhang von der Zukunft weg – Jahre waren vergangen , und Balthasar sah sich als alternden Mann auf seinem Thron. Vor ihm stand ein Späher und rief ihm in atemloser Hast zu: »Herr, du weißt, dass uns die Nachbarn nicht wohl wollen. Freue dich, ein Feind fiel mit Sengen und Morden in ihr Land. Alle Männer und Jünglinge eilten ihm entgegen. Offen liegt das ganze Nachbargebiet vor uns. Rüste dein Heer, raube und brenne. Heute triffst du die gierigen Nachbarn für immer!« Aber Balthasar schüttelte zornig den Kopf und rief: »Das wird nie geschehen! Du weißt, dass Friede zwischen uns herrscht, wenn auch die Liebe fehlt. Der, an den ich glaube, verbietet mir Tücke und Überfall. Hinweg mit dir, du falscher Ratgeber!« Da trat der Späher erbleichend zurück, und während er sich unterwürfig verneigte, funkelte aus seinen Augen tödliche Wut. Und wieder schlug des Fremden Stimme an Balthasars Ohr: »Soll ich dir sagen, was weiter folgt? Dein Volk schilt dich einen entnervten Mann, es brandet in Empörung und stößt dich vom Thron um deiner Weigerung willen. Dich erwarten Feindschaft, Verfolgung und Einsamkeit. Dein Himmelskönig macht dich zum Feind der Deinen, willst du trotzdem an ihn glauben?« Da zwang Balthasar sein blutendes Herz zur Ruhe, und fest kam's über seine Lippen: »Ich bleibe ihm dennoch treu!«

Und zum dritten Mal war es, als zöge der Fremde einen Vorhang von der Zukunft weg. Ein halbes Jahrhundert war vergangen, und durch die Straßen seines Königreichs wogten die Scharen der Menschen. Abseits vom Wege saß ein Bettler , uralt, mit verwildertem weißem Bart, in Lumpen gehüllt. Er hielt seine Schale bittend den Leuten hin. Aber nur selten warf ihm jemand ein wenig Nahrung hinein, und im Leibe des zitternden Alten wühlte der Hunger. Und wieder schlug die Stimme des Fremden an Balthasars Ohr, und er hörte erbebend: »Das bist du! Ein von allen vergessener Greis, wirst du in Staub und Hunger dein mühseliges Leben enden müssen. Spott, Feindschaft und die schwerste Last – Vergessenheit – bringt dir dein Himmelskönig. Willst du trotz allem noch an ihn glauben?« Tief erschüttert und bleich sprang Balthasar auf und rief ihm zu: »Wer du auch seist, ein Bote des Guten oder des Bösen – zeige mir, was du willst, ich bleibe treu –, und wenn mir nichts bleibt als das Kind in der Krippe!«

Da trat die Gestalt ins Dunkel zurück und war verschwunden.

Balthasar fuhr aus dem Schlafe empor. Knisternd brannte sein Feuer, sein Pferd scharrte unruhig mit den Hufen und horchte in die Dunkelheit hinaus. Man hörte Stimmen und Waffenklang in der Ferne. Balthasar griff zum Schwert, aber es waren keine Feinde, sondern Krieger seines Landes, die, beunruhigt über das lange Ausbleiben ihres Königs, ihm entgegengezogen waren. Nun fanden sie ihn mit jubelnder Freude, und unter dem Jauchzen seines Volkes zog der Vielgeliebte in sein Land.

Der Engel aber, der nach Gottes Willen Balthasar versucht und erprobt hatte, trat vor den Thron des Höchsten und sagte von seiner Treue. Und Gott ließ seine Gnade walten über dem König und seinem Reich und ließ ihn in Glück und Frieden sein Land regieren bis an sein getrostes Ende. Und die Liebe des Volkes weinte über seinem Grabe und nannte ihn: Balthasar, den Getreuen.

Alles ist gut 8

☆☆☆☆☆☆☆☆☆☆☆☆☆☆☆☆☆☆☆☆☆☆☆☆☆☆

Der Weg des Kindes Jesus und des erwachsenen Meisters endet nicht im Tode, wie auch der Weg Balthasars und unser eigener, der Weg, den unser innerer Mensch geht. Es ist der Weg, dessen Ende ein Anfang ist für ein weitergehendes Leben. Ostern ist das Ziel der Weihnachtsgeschichte, die Geburt zu einem neuen Sein.

Es ist Tag auf der Tafel von Martin Schongauer. Das Licht spielt um die Bäume, Vögel sitzen im Gezweig, Blätter und Früchte leuchten. Ein Busch im Hintergrund und ein Baum neben ihm, sie sprühen von Lebendigkeit und Musikalität. Wie ein Wirbel aus einer anderen Welt spielen sie in ihrer Farbigkeit, und die Lieder der kleinen Vögel musizieren mit. Vor dem Gebüsch und den Blüten entlang dem Zaun und vor einem Gartentor, das mit einem kleinen Holzbau überdacht ist, begegnet Maria Magdalena dem auferstandenen Christus.

> Maria stand vor dem Grab draußen und weinte.
> Als sie nun so weinte, bückte sie sich
> und sah in das Grab hinein und fand es leer.
> Danach wandte sie sich um und sah Jesus dastehen.
> Sie wusste aber nicht, dass er es war.
> Jesus fragte sie: »Warum weinst du? Wen suchst du?«
> Sie hielt ihn aber für den Gärtner und bat ihn:
> »Herr, wenn du ihn weggetragen hast,
> dann sage mir doch, wohin. So kann ich ihn holen.«
> Da sprach Jesus sie an: »Maria!«
> Sie fuhr herum, wandte sich ihm zu und rief:
> »Mein Meister!«
> Aber Jesus wehrte ab: »Rühre mich nicht an!
> Noch bin ich nicht aufgefahren zu meinem Vater!

Geh aber zu meinen Brüdern und sage ihnen:
Ich kehre zu meinem Vater zurück und zu eurem Vater,
zu meinem Gott und zu eurem Gott.«
JOHANNES 20,11-18

Maria aus Magdala gehört, wenn ich sie recht verstehe, zu den Menschen, die nach innen trauern. Sie hat die beiden letztvergangenen Nächte in tiefer Nähe zu dem Tode ihres Meisters zugebracht, und wenn sie nun das Grab aufsucht, dann ist es, als sei sie selbst mitgestorben und auch das Licht ihres eigenen Lebens mit erloschen. Die Lebensenergie, die nach außen treten sollte, verschloss sich in ihr wie in einem Grab, das von einem schweren Rollstein verschlossen ist. Das Leben geht irgendwie weiter, aber es findet im Dunkel der Seele statt, das nun dem Geliebten als Grab dient. Trauernde erscheinen oft wie abwesend, wie schlafend, und sie sind es auch. Ihre Seele aber wacht an einem tiefen, dunklen Ort.

Dann aber hört sie etwas. Ihren Namen! Und sie sieht etwas. Was eigentlich? Wie auf der Schwelle zu einer anderen Welt kniet sie und ihre Hände greifen nach etwas, das nicht zu greifen ist. Sie erkennt. Sie schaut. Und sie ruft: »Mein Meister!« Und es trifft sie das Wort: »Rühre mich nicht an!« Da ist es, als risse vor ihren Augen ein Schleier auf. Licht aus einer anderen Welt blitzt auf, und die Lebenskraft der Frau bricht wieder hervor. Während Christus vor ihren Augen steht und lebt, ist es, als stünde sie selbst mit ihm auf. Sie hat ihre Kraft wiedergewonnen und eine neue, andere, eine neu einbrechende Kraft dazu. Und sie wird auf einen neuen Weg geschickt mit einem Auftrag: »Geh!« hört sie. »Sage meinen Brüdern.«

Maria Magdalena war gewiss gewesen, nun werde ihr Leben nur noch durch das Land der Trauer weitergehen. Aber in der Gestalt aus Licht erfasst sie die ganz andere Bestimmung, die ihrem Leben gegeben war. Sie hört: Ich bin lebendig. Und du darfst glücklich sein. Es ist genug Leben da für dich wie für alle anderen. Gott ist reicher als du denkst, und dein eigenes Herz auch.

Der Nimbus, der »Heiligenschein« um das Haupt der Maria Magdalena spricht so. Wie eine Sonne steht er hinter und über ihr, strahlend hell. So ist Gott, deutet der Heiligenschein an, so bist du. Gott leuchtet, Christus leuchtet, und du selbst sollst auch leuchten, damit dein eigenes Leben hell wird und strahlend und ein Licht, ein fröhliches Licht für die anderen.

Martin Schongauer, Maria Magdalena am Ostermorgen

In der alten Kirche stimmte man an Ostern das »Ostergelächter« an, das Triumphgelächter nicht nur über den Tod, sondern auch über das Böse in der Welt. Man feierte damit den Glauben, der Tod habe keine Macht mehr über das Leben, auch wenn täglich gestorben werde, und die Schreckensherrschaft des Bösen sei am Ende, auch wenn in dieser Welt alles für ihr Fortbestehen spreche. So singen wir an Ostern in dem Lied »Gelobt sei Gott im höchsten Thron« nach dem Willen des Komponisten, der uns dazu die Melodie gegeben hat, am Ende jeder Strophe das heilige Osterlachen: »Halleluja-ha-ha! Halleluja-ha-ha! Halleluja!«

Die Geschichte des Kindes, das ein Mann wurde, der litt und starb und auferstand, ist die Grundlage für die Gelassenheit, die Heiterkeit und Fröhlichkeit, die man etwa auch anmahnt, wenn man sagt: Fröhliche Weihnachten! Fröhliche Ostern! Denn der innere König in uns lebt und wir leben mit ihm.

Als wir einmal im Krieg mit einem brennenden Flugzeug am Erdboden zerschmettert waren, kletterten wir aus den Flammen und – lachten. Es war das Lachen, das die Spannung löst, aber es war auch das Lachen dessen, der dem Tod von der Schippe gesprungen war. Das Lachen dessen, den irgendeine rettende Macht von dieser Schippe gerissen und wieder auf seine Füße gestellt hat.

In dem kleinen Buch »Hallo, Mister Gott« sagt die kleine Anna:

> Hallo, Mister Gott,
> wenn ich sterbe, dann tu ich das selber.
> Niemand tut es für mich.
> Wenn es so weit ist, sage ich: Freund,
> stell mich hin, und dann guck ich rum.
> Und dann lach ich. Dann fall ich hin und bin tot.
> Und dann, Mister Gott,
> setz ich mich neben dich,
> und dann lachen wir, lachen wir, lachen wir.

Wenn Sie also so weit mitgegangen sind, dann lachen Sie. Freuen Sie sich auf das, was kommt. Schmücken Sie sich, machen Sie sich schön für ein Fest. Sehen Sie sich als einen schönen Menschen, denn Sie sind geliebt. Richten Sie sich auf und halten Sie sich selbst auf keinen Fall für unbedeutend. Wer geliebt ist, ist etwas. Etwas Schönes. Etwas

Wertvolles. Und schauen Sie in das Licht Ihres Tages mit glücklichen und dankbaren Augen.

Der bekannte Essayist Sigismund von Radetzki schrieb einmal:

»Das wahre Lachen hat nur der Mensch, weil nur er Religion hat. Lachen ist verkappte Religiosität. Lachen ist unser Glück. Lachen überbrückt unsere Gegensätze und ist Symbol dafür, dass es hoch über uns einen Punkt gibt, wo diese Gegensätze aufgehoben sind. Wir können nur darum lachen, weil wir etwas wissen, über das es nichts mehr zu lachen gibt. Lachen ist ein Pfand von Gott, ist Freiheit und Unsterblichkeit.«

»Der Heitere«, sagt Shakespeare, »ist der Meister seiner Seele.« Und Kierkegaard formuliert es noch konkreter:

Ein vollkommener Mensch zu sein,
das ist das Höchste.
Nun habe ich Hühneraugen bekommen;
das bringt mich dem Ziel schon etwas näher.

»Gott hat Humor, denn er hat den Menschen geschaffen«, findet Chesterton, und Bischof Keeley meint: »Humor ist kein Hindernis für Heiligkeit. Wenn du sonst nichts zum Lachen finden kannst, so hast du immer noch dich selbst.«

Der Tanz des Räubers Horrificus

Karl Heinrich Waggerl

Gegen Abend nach der ersten Rast wollte Josef mit den Seinen wieder weiterziehen. Er nahm aber den Esel und ritt voraus hinter einen Hügel, um den Weg zu erkunden. »Es kann doch nicht mehr weit sein bis Ägypten«, dachte er.

Indessen blieb die Muttergottes mit dem Kinde auf dem Schoß allein unter der Staude sitzen; und da geschah es, dass ein gewisser Horrificus des Weges kam, weithin bekannt als der furchtbarste Räuber in der ganzen Wüste. Das Gras legte sich flach vor ihm auf den Boden, die Palmen zitterten und warfen ihm gleich ihre Datteln in den Hut und noch der stärkste Löwe zog den Schweif ein, wenn er die roten Hosen des Räubers von weitem sah. Sieben Dolche steckten in seinem Gürtel, jeder so scharf, dass er den Wind damit zerschneiden konnte, an seiner Linken baumelte ein Säbel, genannt der krumme Tod, und auf der Schulter trug er eine Keule, die war mit Skorpionsschwänzen gespickt.

»Ha!« schrie der Räuber und riss das Schwert aus der Scheide.

»Guten Abend«, sagte die Mutter Maria. »Seid nicht so laut, er schläft!«

Dem Fürchterlichen verschlug es den Atem bei dieser Anrede, er holte aus und köpfte eine Distel mit dem krummen Tod.

»Ich bin der Räuber Horrificus«, lispelte er, »ich habe tausend Menschen umgebracht …«

»Gott verzeihe dir!« sagte Maria.

»Lass mich ausreden«, flüsterte der Räuber – »und kleine Kinder wie deines brate ich am Spieß!«

»Schlimm«, sagte Maria. »Aber noch schlimmer, dass du lügst!«

Hierbei kicherte etwas im Gebüsch, und der Räuber sprang in die Luft vor Entsetzen. Noch nie hatte jemand in seiner Nähe zu lachen gewagt. Es kicherten aber nur die kleinen Engel, im ersten Schreck waren sie alle davongestoben, und nun saßen sie wieder in den Zweigen.

»Fürchtet ihr mich etwa nicht?« fragte der Räuber kleinlaut.

»Ach, Bruder Horrificus«, sagte Maria, »was bist du für ein lustiger Mann!«

Das drang dem Räuber lind ins Herz, denn, die Wahrheit zu sagen, dieses Herz war weich wie Wachs. Als er noch in den Windeln lag, kamen schon die Leute gelaufen und entsetzten sich. »Wehe uns«, sagten sie, »sieht er nicht wie ein Räuber aus?« Später kam niemand mehr, sondern jedermann lief davon und warf alles hinter sich, und Horrificus lebte gar nicht schlecht dabei, obwohl er kein Blut sehen und kaum ein Huhn am Spieß braten konnte.

Darum tat es nun dem Fürchterlichen in der Seele wohl, dass er endlich jemand gefunden hatte, der ihn nicht fürchtete.

»Ich möchte deinem Knaben etwas schenken«, sagte der Räuber, »nur habe ich leider nichts als lauter gestohlenes Zeug in der Tasche. Aber wenn es dir gefällt, dann will ich vor ihm tanzen!«

Und es tanzte der Räuber Horrificus vor dem Kinde, und kein lebendes Wesen hat je dergleichen gesehen. Den krummen Tod hob er

148

Hidacodex, Sturm auf dem Meer

über sich gleich der silbernen Sichel des Mondes, die Beine schwang er unterhalb mit der Anmut einer Antilope und so geschwind, dass man sie nicht mehr zählen konnte. Er schleuderte alle sieben Dolche in die Luft und sprang durch den zerschnittenen Wind, gleich einer Feuerzunge wirbelte er wieder herab. So gewaltig und kunstvoll tanzte der Räuber, so überaus prächtig war er anzusehen mit seinen Ohrringen und dem gestickten Gürtel und den Federn auf dem Hut, dass sogar die Jungfrau Maria ein wenig Glanz in die Augen bekam. Auch die Tiere der Wüste schlichen herbei, die königliche Uräusschlange und die Springmaus und der Schakal, alle stellten sich im Kreise auf und klopften mit ihren Schwänzen den Takt in den Sand.

Schließlich sank der Räuber erschöpft zu Füßen Marias nieder, und da schlief er auch gleich ein. Josef war längst weitergezogen, als er endlich wieder aufwachte und benommen seines Weges ging. Alsbald merkte er auch, dass ihn niemand mehr fürchtete. »Er hat ja ein weiches Herz!« erzählte die Springmaus überall. »Vor dem Kinde hat er getanzt«, zischte die Schlange.

Horrificus blieb in der Wüste, er legte seinen fürchterlichen Namen ab und wurde ein mächtiger Heiliger im Alter, es soll verschwiegen bleiben, wie er im Kalender heißt.

Wenn aber einer von euch etwas zu verbergen hätte und nur sein Herz wäre weich geblieben, so mag er getrost sein. Gott wird ihm dereinst verzeihen um des Kindes willen, wie dem großen Räuber Horrificus.

Ein weiteres Bild, in dem sich die endgültige Umkehrung vollzieht, die Umkehrung von der Anbetung des Kindes zum Leben mit dem erwachsenen Christus, die Umkehrung der Unsicherheit in das Vertrauen: In dem romanischen Codex der Abtissin Hida, der um das Jahr 1000 nach Christus geschrieben und gemalt wurde, als die abendländische Christenheit den Untergang dieser Welt und den Anbruch des Reiches Gottes erwartete, findet sich das Bild eines Schiffs.

Das Segel schlägt im Wind, die Taue sind zerrissen. Haltlos, führungslos wird die kleine Nussschale von Welle zu Welle geworfen. Es ist abzusehen, wann sie kentern wird. In ihr drängen sich die Begleiter

Jesu, geschmückt zwar mit den goldenen Nimben, aber gänzlich ihrem Entsetzen über die drohende Gefahr ausgeliefert. Denn Christus, der Meister, schläft, und einer von den Männern greift mit der Hand nach seiner Schulter: Herr! Wach auf! Siehst du nicht, dass wir untergehen?

Aber die Situation ist nicht nur die eines Schiffes im Sturm. Das Boot, in dem sie mit ihrem Meister fahren, ist nicht einfach ein Kahn. Es ist ein Drache, und sie sitzen in seinem Bauch. Das Ungeheuer aber strebt in den Abgrund hinab, um sie alle mitzureißen. Der Maler will offenbar sagen: Das ist die Welt! Sie ist das Untier, in dem wir zugrunde gehen. Wer in ihr sitzt, ist mit allen anderen Fahrgästen hin- und hergeschleudert, von Welle zu Welle gerissen. Auch der Christ sitzt mit allen anderen im gleichen Boot und ist wie alle anderen ausgeliefert an Kriege und Katastrophen und alles Törichte, Niedrige und Böse, von dem das Leben der Menschen in dieser Welt gefangengehalten wird.

Ein Christ feiert auch ein großes Fest nicht, ohne zu wissen, was durch ein Fest überwunden werden soll. Was geschah, ehe das Fest war? Was wird geschehen, wenn das Fest vorüber ist? Es mag ihn ein Bangen ankommen gerade auch dann, wenn er weiß, dass eine große Kraft mit ihm im Schiff seines Lebens ist. Denn Gott wehrt dem Sturm nicht. Er beendet weder die Kriege noch die Hungerkatastrophen auf dieser Erde. Er beendet weder das Elend alter Menschen noch die Leiden von Millionen und Abermillionen Hilflosen.

Er bannt auch das Unheil nicht, das uns in der Zukunft bedrohen wird. Er ist vielmehr selbst eines der Opfer, welche der Drache Welt in seinem Bauch hat und in die Tiefe reißt.

Das Bild knüpft an die Geschichte des Evangeliums an, die vom Sturm auf dem Meer erzählt. Sie berichtet, Jesus habe sich erhoben, der Wind und das Meer hätten sich vor seinem Wort gebeugt, und es sei eine tiefe Stille eingetreten. Aber jene Geschichte von der Stillung des Sturms war auch für Jesus selbst eine Episode. Sein Schicksal führte ihn wirklich in den Abgrund, in eben das Leiden und Sterben, das all den Menschen bevorsteht, die sich einen anderen Aufenthalt als den Leib des Drachen nicht wählen können.

Und dennoch: Christus schläft im Frieden. Mit Christus findet ein Mensch auch angesichts schrecklichster Bedrohung noch gelassenen Schlaf, weil er weiß: Der Herr ist bei mir. Was soll mir widerfahren? Diese Gelassenheit ist nicht so sehr Mut, sie ist nicht Nervenstärke. Wir gehen in einen neuen Tag nicht deshalb gelassen, weil wir uns sagen, es werde so schlimm nicht werden, oder uns mit dem Gedanken trösten, die Welt sei auch bisher nicht untergegangen. Diese Gelassenheit ist auch nicht Selbstvertrauen, denn was uns rettet, ist nicht, was wir gegen das Chaos tun können. Gewiss, wir können im kleinen Umkreis unseres Lebens für ein wenig Ordnung und Sicherheit sorgen, wir können auch versuchen, im Leben der Völker die Bedingungen zu schaffen, unter denen Friede sein kann. Aber vor dem Chaos rettet uns weder unsere Ordnung noch unser Gerechtigkeitssinn. Wir gewinnen auch keine Gelassenheit dadurch, dass wir uns aus diesem Schiff zu entfernen suchen oder die Mitfahrt verweigern. Uns rettet, dass Gott herabkam in unsere hin- und hergeworfene, von Mächten der Tiefe bedrohte Nussschale Welt.

Gelassenheit, Kraft und Gewissheit von Gott sind nur zu erlangen, wo ein Mensch weiß, worauf er sich verlässt. Er muss sich dieser Welt ausliefern, wie Christus sich ihr ausgeliefert hat, und der Souveränität vertrauen, mit der Christus in ihr schläft.

Wir sind mit Christus im Schiff dieser Welt. Wir können uns auf keine Weise sichern. Wir können nur mit ihm durch den Sturm fahren, bis der Sturm der Stille weicht und wir ans Ufer der neuen Welt treten, mit ihm zusammen, dem Herrn über Tod und Abgrund.

Die Asiaten haben mit Taifunen zu tun, mit Wirbelstürmen von unvorstellbar zerstörender Kraft. Was tun, wenn ein Taifun ein Schiff ergreift? »Im Herzen des Taifuns kann ein Kind schlafen«, sagen sie. Gelingt es, die Mitte der heulenden Gewalten zu erreichen, so ist tiefe Stille. In der Mitte des Taifuns schläft Christus, und wir ruhen mit ihm.

Heißt das, dass wir zu unserer Rettung und zur Rettung der Welt nichts tun können? Genau das heißt es. Wir können zwar sehr viel tun. Wir können den Menschen mit Barmherzigkeit begegnen. Wir können ihnen helfen, dass ihr Leben in dieser Welt nicht gar so schrecklich verläuft. Wir können Schmerzen lindern und Hoffnung wecken. Wir können helfen und unsere Kraft hingeben, damit Menschen leben und ein wenig glücklicher werden. Wir können ein wenig Gerechtigkeit, ein wenig Wahrhaftigkeit und Zuverlässigkeit in den Tag einbringen. Aber zu unserer Rettung und zur Rettung der Welt werden wir nichts beitragen. Ich glaube, wir überschätzen unsere Aktivität, unseren Einsatz für das Gute oder doch das Bessere, gerade wenn er erfolgreich ist, unendlich. Wenn uns nichts weiter gelingt, als dass wir als Liebende und Gelassene zu den Menschen gehen und ihnen ein wenig Glauben und Hingabe bringen, dann ist mehr geschehen, als wir mit allem angestrengten Wirken und Werken schaffen und retten können.

152

Das ist der eigentümliche Tausch, den wir an Weihnachten gefeiert haben: Da kommt Gott in der Gestalt eines Menschen in die Nussschale Welt herein, in der jeder zugrunde geht, der sie betritt, und gibt uns, die wir den Untergang vor Augen haben, die Gelassenheit des Vertrauens. Wir finden die Gewissheit, dass wir eben nicht endgültig untergehen, sondern an festes Land gelangen werden, an das feste Ufer jenes Gottesreichs, von dem der mit uns gefährdete Christus sprach.

Chesterton, der englische Dichter, sagte 1936 auf dem Sterbebett:

> Der Ausgang ist völlig klar.
> Entweder das Licht oder die Finsternis,
> und jeder muss seine Wahl treffen.

Das ist wahr. Aber ich möchte dieses Wort ergänzen: Die Wahl hat ein anderer getroffen. Wir aber vertrauen, dass wir, da er an Bord ist, von der Finsternis nicht endgültig verschlungen werden, sondern das Licht schauen.

Hingabe ins Vertrauen

> Geschlossene Augen
> Still –
> Wen die große Hand,
> Die glättende, glatt streichen will.
> Nichts gekannt,
> Nichts gedacht,
> Nur Mildigkeit, nur diese Wohltat:
> Hand,
> Die sacht
> Mich ausstreicht, allen Streit.
> BERTHOLD VIERTEL

Die Fischer aus der Bretagne haben ein altes Gebet:

> Herr, gib Acht auf uns,
> denn das Meer ist so groß,
> und unser Boot ist so klein.

Wir sprechen das nach. Es ist einer da. Der Sturm ist nicht souverän. Das Schiff hält stand. Der Morgen kommt, und die Meerfahrer machen ihr Boot fest.

Ich bin da, sagt Gott. Mitten in dem, was dir Angst macht, bin ich. Fürchtest du den Sturm? Ich bin's. Fürchtest du das, was kommt? Ich bin's. Fürchtest du deine Schwäche? Ich bin mitten in ihr. Fürchtest du das Sterben? Es wird eine Begegnung mit mir sein. Du brauchst dich nicht gegen die Welt abzuschirmen. Du brauchst weder in dir selbst noch an irgendeinem anderen weltabgewandten Ort Zuflucht zu suchen. Nimm die Herausforderung an, die in dieser Zeit liegt. Wenn diese Zeit von dir eine Änderung deiner Gesinnung verlangt – und sie tut es –, dann nimm ihre Forderung an. In dieser Zumutung begegnest du mir.

Du hast keine Angst nötig. Du kannst nachdenken, wo andere der Hysterie verfallen. Du hast noch eine Güte zu geben, wo andere gezwungen sind zu hassen. Du wirst erleben, dass das Meer still wird, der Sturm sich legt und in der bedrohlichen Wassertiefe sich der Himmel Gottes spiegelt.

Nichts kann die Angst bannen, die heute durch die Welt geht, es sei denn das Wort, mit dem Gott uns mitten aus der Gefahr anspricht. Nichts kann uns helfen, als das eine, dass das Gebirge der Wellen in seiner Gegenwart in sich zusammensinkt und der Horizont frei wird, in dem die Weltgeschichte sich in Wahrheit abspielt.

Das sagt ja das Evangelium, das mit dem Kind von Betlehem und mit dem Mann aus Nazaret in die Welt gekommen ist:

Alles wird gut.
Du wirst sehen, dass dein Schicksal sinnvoll war.
Dein Leid wird hinter dir liegen.
Das Unrecht wird ein Ende haben.
Friede ist das Ziel der Weltgeschichte.
Du hast Grund zu vertrauen.

Es ist einer da, der steuert.
Es ist einer da, dessen Gedanken höher sind als die deinen.
Es ist einer da, in dessen Hand du stehst.

Es ist einer da, der gesagt hat:

Ich habe einen Weg für dich, eine Aufgabe.
Ich habe Kräfte für dich.
Ich habe ein Wort für dich, das du weitersagen kannst.
Ich habe Freude für dich. Ich bin dir nahe.
Ich gehe neben dir deinen Weg auf dieser Erde.

Und wenn er vom Reich Gottes spricht, dann heißt es:
Es wird alles gut werden. Es wird alles gut sein.

Im Anfang war das Licht.
Am Ende wird das Licht sein.
Alle Dinge sind entstanden durch den, der das Licht ist.
Und in ihm werden sie vollendet, auch wir selbst.

Der das sagt, bleibt, und wir bleiben in ihm.
Er bleibt vor uns auf unserem Weg.
Er bleibt hinter uns, und wir sind geschützt.
Er bleibt in uns und schafft das Vertrauen,
mit dem wir weitergehen.

Und so wird alles gut.
Seine Liebe wird uns nicht loslassen,
nicht jetzt und nicht in der Zukunft.
Und darum wird am Ende alles gut werden.
Alles wird gut sein.

Bildnachweis

157

Textnachweis

Trotz intensiven Nachforschens war es nicht in allen Fällen möglich, die genaue Quelle bzw. die Rechte-Inhaber ausfindig zu machen. Das nachfolgende Verzeichnis ist also nicht lückenlos. Für Hinweise sind wir dankbar.

Böke, Hubert, »Jules Stern« aus: Vom Engel, der die Welt verwandeln wollte. © Verlag am Eschbach, 1996

Braunburg, Rudolf, »Heimliche Begegnung der ersten Art«. Mit freundlicher Genehmigung von Annemarie Braunburg

Buzzati, Dino, »Wenn es dunkelt« aus: ders., Das Haus mit den 7 Stockwerken. Aus dem Italienischen von Antonio Luigi Erné und Nino Erné. © 1984 by nymphenburger in der F.A. Herbig Verlagsbuchhandlung GmbH, München

Camara, Helder, Auszug aus »Unter den Dingen, die ich mitnehmen will«, aus: ders., Mach aus mir einen Regenbogen, Pendo Verlag Zürich 1981, Nr. 63 und Nr. 64

Ernesto Cardenal, aus: Das Buch von der Liebe. Peter Hammer Verlag Wuppertal, 1991

Claudius, Hermann, mit freundlicher Genehmigung von Gisela Claudius

Domin, Hilde, aus: Gesammelte Gedichte. © S. Fischer Verlag GmbH, Frankfurt am Main, 1987

Fynn, »Hallo Mister Gott, hier spricht Anna«. © alle deutschsprachigen Rechte by Scherz Verlag, Bern, München, Wien

Hausmann, Manfred, aus: Jahre des Lebens. Gedichte. Neukirchener Verlag, Neukirchen-Vluyn, 1974

Kästner, Erhart, aus: Zeltbuch von Tumilat. © Insel Verlag Frankfurt am Main 1976

Katzanzakis, Nikos, aus: Alexis Sorbas. © F.A. Herbig Verlagsbuchhandlung GmbH, München

Lagerlöf, Selma, aus: »Geschichten zur Weihnachtszeit«. © by nymphenburger in der F.A. Herbig Verlagsbuchhandlung GmbH, München

Marcel, Gabriel, aus: Werkauswahl (Hrsg.: Peter Grotzer / Siegfried Foelz): Band 2: Metaphysisches Tagebuch 1915-1943. Verlag Ferdinand Schöningh, Paderborn, 1991

Nordmann, Walter, aus: Von deiner Krippe glänzt ein Strahl, Bd. 2, Eugen Salzer Verlag, Heilbronn. Mit freundlicher Genehmigung Salzer-Verlag GmbH, Bietigheim-Bissingen

Nouwen, Henri J. M., aus: Ich hörte auf die Stille, Verlag Herder, Freiburg 18. Auflage 1999

Reiser, Werner, »Die Geschichte vom Engel, der nicht singen wollte« und »Der Bote mit dem dunkelblauen Brief«, mit freundlicher Genehmigung des Autors

Viertel, Berthold, aus: Das graue Tuch. Gedichte, Döcker Verlag, Wien 1994

Waggerl, Karl Heinz, aus: Und es begab sich. © Otto Müller Verlag, Salzburg, 1953

Die Deutsche Bibliothek - CIP-Einheitsaufnahme
Ein Titeldatensatz für diese Publikation ist bei
Der Deutschen Bibliothek erhältlich

1 2 3 4 5   04 03 02 01 00

© Kreuz Verlag GmbH & Co. KG Stuttgart 2000
Ein Unternehmen der Dornier Medienholding GmbH
Postfach 80 06 69, 70506 Stuttgart, Tel. 0711-78 80 30
Sie erreichen uns rund um die Uhr unter www.kreuzverlag.de
Umschlaggestaltung: Ulrich Ruf
Umschlagbild: Ikone »Erzengel Gabriel«, Chilandari-Kloster, Berg Athos, 1360
Autorenfoto: Georgios Anastasiades
Satz: Rund ums Buch – Rudi Kern, Kirchheim/Teck
Druck und Bindung: Westermann Druck, Zwickau
Die Schreibweise entspricht den Regeln der neuen Rechtschreibung.
ISBN 3 7831 1831 X

Für ein Christentum mit Zukunft

Im 20. Jahrhundert galt Mystik, zumindest im Protestantismus, nichts oder sie wurde der Weltflüchtigkeit verdächtigt. Protestantismus und Aufklärung aber haben ihre historische Rolle gehabt, sagt Jörg Zink. Und der Reichtum mystischer Erfahrung ist groß, angefangen bei den Propheten über Jesus, Johannes und Paulus und durch die ganze Geschichte des Christentums bis in die Gegenwart. Da geht es um Freude ebenso wie um die absolute Finsternis des Bösen, um das Kind in uns und um den Tanz der Schöpfung. Das Christentum der Zukunft wird aus mystischen Quellen schöpfen oder es wird nicht mehr lebendig sein.

Jörg Zink
**Dornen können
Rosen tragen**
Mystik – Die Zukunft
des Christentums
460 Seiten, Hardcover